AF246327

AGNÈS de NEUFVILLE
DOCTEUR EN DROIT
DOCTEUR EN MÉDECINE

LE MOUVEMENT SOCIAL PROTESTANT EN FRANCE DEPUIS 1880

LES PRESSES UNIVERSITAIRES DE FRANCE
49, boulevard Saint-Michel
PARIS

A mon cher oncle Ernest
Souvenir très affectueux de sa nièce

apnès

1928

LE
MOUVEMENT SOCIAL PROTESTANT
EN FRANCE DEPUIS 1880

Agnès de NEUFVILLE

DOCTEUR EN MÉDECINE
DOCTEUR EN DROIT

Le

Mouvement Social Protestant

en France depuis 1880

LES PRESSES UNIVERSITAIRES DE FRANCE
49, boulevard Saint-Michel
PARIS

INTRODUCTION

Pour beaucoup d'esprits, même avertis, la doctrine du Protestantisme, et plus particulièrement le dogme calviniste, se résume en une formule lapidaire et absolue qu'aucun commentaire ne saurait assouplir et dont la rigidité excluerait ce sens social, cet altruisme agissant, dont l'Eglise Catholique s'est splendidement parée à travers les âges. Le « salut par la foi » proclamé par Luther, magnifié par Calvin, n'est-il pas au même titre que le libre-examen le cri de ralliement de la Réforme, et ne s'oppose-t-il pas en tous points à cette autre conception d'après laquelle les mérites ont une vertu rédemptrice, et qui se nomme : « le salut par les œuvres » ? Le théologien de Genève et ses disciples n'ont-ils pas prêché que le don de la grâce est un don gratuit, que l'homme est marqué de ce sceau dès sa naissance, et que ses efforts et ses sacrifices ne parviendront jamais à lui conquérir une place dans la phalange des élus, si le Juge Suprême le destine à une autre fin ? Dès lors dira-t-on, le chrétien sauvé ou perdu malgré lui, sera moins enclin à la charité; s'il se dévoue, ce sera par pur amour, sans espoir de récompense, son geste n'en sera sans doute que plus beau, mais sa rareté en tempérera la noblesse.

Ces déductions présentent, il est vrai, toutes les apparences de la logique, et l'on pourrait être tenté d'y souscrire, si l'histoire même de la bienfaisance protestante depuis plus de quatre siècles, ne venait opposer à ce raisonnement le démenti de la réalité. A serrer le problème de plus près, on verra que prédicants et laïques enseignèrent sans cesse le devoir d'amour, l'oubli de soi et le dévouement à autrui. Comment d'ailleurs une religion qui prétendait puiser son inspiration aux sources mêmes de l'Evangile, aurait-elle pu négliger le commandement du Christ, cette grande loi qui imprègne tous les Livres Saints et que l'apôtre Paul glorifie dans une épître célèbre adressée aux chrétiens de Corinthe : « Maintenant donc ces trois choses demeurent : la foi, l'espérance, la charité ; mais la plus grande de ces choses, c'est la charité. » (1)

Pécheur, faible, aspirant vainement à la perfection, l'homme ferait preuve d'une fatuité sans bornes, s'il espérait par ses propres voies, par ses propres actes, parvenir à la justification : cette justification lui est acquise par le mérite et le sacrifice d'un Seul; rien ne lui est demandé en échange, sinon de croire à Celui qui l'a sauvé. Les œuvres ne seront ni obligatoires, ni méritoires, ni salvatrices, elles seront la conséquence nécessaire et inéluctable d'une vie consacrée à Dieu. « Nous ne songeons point », écrit Calvin, « une foi qui soit vide de toutes bonnes œuvres, ou une justification qui puisse consister sans icelles, mais voilà le nœud de la matière, que bien que nous confessions la foi et les bonnes œuvres être nécessairement conjoinctes ensemble, toutefois nous situons la justice en la foi et non pas aux œuvres. » (1) Les Huguenots, dans leur déclaration de la Rochelle, reprendront la même idée : « Ainsi la foi, non seulement ne refroidit pas l'affection de bien et saintement vivre, mais l'excite en nous en produisant nécessairement les bonnes œuvres. » (2)

L'activité pratique du chrétien est l'épanouissement naturel de sa vie intérieure; reflet de ses convictions spirituelles, elle n'est soumise à aucune loi ; elle est intuitive, spontanée, irrésistible, comme l'est la tendresse de la mère pour son enfant. L'adhésion intellectuelle à un credo conditionne la charité, mais

______

(1) I Corinthiens 13 : 13.
(1) Institution de la Religion Chrétienne III : 16 (édit. 1539).
(2) Confession de foi de la Rochelle : art. 22.

celle-ci, à son tour, alimente et vivifie la foi dont elle est née. Elle est, elle aussi, un effet de la grâce, son symbole et son accomplissement. « Incontinent après que par la connaissance de l'Evangile et l'illumination du Saint-Esprit, ils ont été appelés en la compagnie du Christ, la vie éternelle est commencée en eux » ; de plus... « Il appert que la justice ne gît point en quelque peu de bonnes œuvres, mais en une observation entière et consommée de la volonté de Dieu. » (1)

Dans la « cité-église » de Genève, que Calvin dota d'une constitution religieuse et civile appuyée sur l'autorité infaillible des Ecritures, la solidarité ne fut pas un vain mot. Dans cette ville qui fut en quelque sorte la métropole du Protestantisme de langue française, un rôle important fut accordé aux institutions de bienfaisance qui prirent un développement considérable et s'organisèrent avec méthode. Dès cette époque se constituèrent au sein des églises les *diaconats* qui rendirent d'inestimables services et qui subsistent encore aujourd'hui. Tandis que le *Consistoire* composé d' « *anciens* » et de pasteurs exerçait surtout une action disciplinaire, et veillait jalousement sur la vie privée de ses administrés, tandis que les docteurs se consacraient à l'enseignement, et les ministres au soin des âmes, les diacres, laïques pieux et zélés, se dévouaient aux pauvres, aux malades, aux isolés. Les uns, nommés *diacres procureurs*, pratiquaient l'assistance à domicile et distribuaient les aumônes qui leur étaient remises, les autres, *diacres hospitaliers*, accueillaient dans des fondations charitables, les invalides, les vieillards et les enfants. En marge des paroisses, plusieurs sociétés étaient créées par les réfugiés français qui exercèrent toujours entre eux sur une vaste échelle, l'entr'aide et la mutuelle assistance.

______

(1) Institution chrétienne : 181 : 10.

Dans les « Ordonnances » qui entrèrent en vigueur en 1541, il est stipulé : « Que c'est rendre à Dieu un service qui lui est dû que de prendre soin des pauvres et des malades. » Sous un régime théocratique où l'esprit de liberté et de tolérance subit de si rudes atteintes, l'égalité des citoyens et des citoyennes devant la loi est cependant rigoureusement observée. Le Consistoire apprécie avec une égale sévérité les écarts de conduite de ceux qu'il juge, sans tenir compte de leur rang social ou de leur situation de fortune, et, s'insurgeant contre les préjugés de l'époque, il accorde au mari et à la femme les mêmes droits en matière de séparation. Théologien et homme politique, qui prodigua aux souverains d'Angleterre, de Danemark ou de France, ses avertissements et ses conseils, le Réformateur de Genève sut encore mettre à profit ses qualités de lettré et d'humaniste et faire de sa ville adoptive un centre de culture intellectuelle. On sait la renommée du Collège qu'il fonda et de cette Académie, célèbre en Europe, où les savants les plus réputés se firent entendre ; parmi eux se détache la forte personnalité du jurisconsulte Hotman et rayonne la pure et noble figure d'un Sébastien Castellion.

Plus préoccupé de vie spirituelle que de transformations sociales, Luther — dont l'attitude au cours de « la guerre des paysans » a été justement critiquée — n'hésita pas néanmoins à réclamer à l'Empereur dans son manifeste de 1520 des réformes économiques, ecclésiastiques et scolaires. A maintes reprises, il s'éleva avec véhémence contre des fléaux tels que l'alcoolisme et la débauche, et il stigmatisa un état social qui favorise et tolère la mendicité : « Chez les chrétiens «, s'écriait-il, « personne ne devrait mendier », entendant par là qu'à tous on devrait assurer le pain quotidien.

C'est surtout à Strasbourg, République protestante, aux traditions libérales, que nous apercevons les pre-

mières manifestations de l'assistance, telle que le
XIXe siècle nous l'a fait concevoir. Dès 1483, la capitale de l'Alsace, acquise tout entière à la Réforme
quelques années plus tard, se donne une constitution
que ses citoyens jurent de respecter, et un tribunal
« pour la gloire de Dieu » chargé de « juger les pauvres comme les riches ». La mendicité, consacrée par
le Moyen-Age, est réprouvée comme étant incompatible avec la dignité individuelle ; une loi de 1523
l'abolit et met à la charge de la cité, et sous sa tutelle,
les indigents et les malheureux; une caisse centrale
d'assistance est fondée pour venir en aide aux huguenots persécutés. Bucer, Capiton, Zell, Hédion sont
l'âme du culte nouveau, ils seront les ardents pro-
tagonistes de toutes les transformations que réclame
la morale chrétienne. A l'instar de Luther, le théologien Capiton s'attaque aux jeux de hasard, aux
maisons publiques, à l'alcoolisme, et parvient à faire
voter plusieurs édits réprimant les abus qu'il combat.
Martin Bucer — dont Calvin fut à certains égards
le disciple — s'intéresse aux questions d'enseignement : grâce à lui s'ouvrent en 1528 les premières
écoles primaires, et, dix ans plus tard, avec le concours du pédagogue génial que fut Sturm, le Gymnase
d'où naîtra la future Université. Il recommande à ses
coreligionnaires la charité fraternelle, et publie un
traité sur « De ce que personne n'est autorisé à vivre
pour lui-même, mais que tout chacun doit vivre pour
les autres et comment on y arrive. » Enfin Zell, le
protecteur du peuple, et sa femme Catherine, se font
tout à tous, reçoivent à leur foyer tous les proscrits,
sans s'inquiéter de leurs hérésies ou de leurs doutes,
et font preuve, en toute occasion, du plus large esprit
de tolérance.

On est saisi d'étonnement et d'admiration en constatant chez les réformateurs alsaciens un tel mélange
de mesure et de hardiesse, une si lucide compréhen-
sion des problèmes sociaux, et par-dessus tout ce souci

de sauvegarder la liberté personnelle, si peu en rapport avec l'autoritarisme intransigeant dont le xvi⁰ siècle est encore imprégné.

L'orientation du Protestantisme vers un idéal démocratique et égalitaire se rattache aux concepts et aux principes sur lesquels sa doctrine repose : l'effondrement des hiérarchies ecclésiastiques serait le signe avant-coureur des affranchissements politiques et sociaux. C'est surtout en prônant la libre recherche et l'examen libre, en exaltant la souveraineté de la conscience, qu'il tend à créer des personnalités indépendantes et fortes, conscientes de leurs responsabilités, comme de leurs droits. Désormais, le chrétien étudiera par lui-même les textes sacrés et il les interprétera selon sa raison, sous le regard de Dieu. Aucune autorité ne lui impose les croyances qu'il passe au crible d'une critique subjective et toujours renouvelable ; aussi un philosophe a-t-il pu dire que la Réforme avait devancé Descartes et « que c'est elle qui a eu l'honneur et la responsabilité d'avoir créé la méthode rationnelle et de l'avoir appliquée d'emblée à la religion ». Seul, en face des enseignements du Christ, le libre-croyant qui n'a d'autre directeur spirituel que sa propre conscience et la voix intérieure qui le guide, devra tracer lui-même son sillon, et y semer à son gré ; maître des décisions et des initiatives qui enrichiront ou dévasteront sa vie morale, il devra posséder une volonté ferme et un caractère bien trempé.

Formés ainsi à l'école de l'individualisme et du *self help,* il n'est pas surprenant que les peuples protestants aient été à l'avant-garde de la civilisation, et qu'ils se soient avancés résolument en précurseurs dans la voie des réalisations et du progrès. On objectera que Calvin est bien éloigné d'un tel libéralisme et, qu'imbu du dogmatisme médiéval, il n'admet qu'une Vérité absolue dont il prétend détenir le monopole, et qu'il ne craindra pas d'imposer, le cas échéant, par le glaive ou par le feu. Assurément, par son fanatisme religieux, par sa doctrine impitoyable de la prédestination, par ses procédés inquisitoriaux, l'auteur de l'Institution Chrétienne appartient à une époque révolue ; mais il convient de remarquer que cette orthodoxie étroite qui menace d'asservir les pensées et qui se diminue en de stériles controverses, ne fut pas unanimement approuvée, même par les contemporains du réformateur. Des communautés entières protestèrent contre la condamnation de Servet ; Brenz, Christophe Hoffman, Capiton, Jacques Schenck, Hédion, Pierre Toussain, Claude Morlet, d'autres encore, élevèrent courageusement la voix pour renier des méthodes empruntées à Rome et en contradiction manifeste avec l'inspiration évangélique. Insensible aux outrages et aux calomnies, Castellion se posa en champion de la tolérance dans son admirable plaidoyer du « Traité des Hérétiques », dont les accents ardents et virils parviennent encore à nous émouvoir. Donnant à la religion une définition concise à laquelle souscriraient sans peine les protestants d'aujourd'hui. « La saine doctrine », dira-t-il, « c'est cela qui, si l'on en croit l'apôtre Paul, rend les hommes sains, c'est-à-dire que la bonne doctrine est celle qui donne la charité, une foi sincère et une bonne conscience. » (1) Réprouvant l'erreur tragique du fondateur de leur secte, les calvinistes du xxe siècle ont élevé, en mémoire de Servet, un monument expiatoire par lequel ils affirment qu'ils demeurent, selon les vrais principes de la Réformation et de l'Evangile, fermement attachés à la liberté de conscience. (2)

---

(1) Giran : *Sébastien Castellion*, p. 288.

(2) Inscription sur le monument expiatoire élevé à Champel en 1903 : « Fils respectueux et reconnaissants de Calvin, notre grand réformateur, mais condamnant une erreur qui fut celle de son siècle, et fermement attachés à la liberté de conscience selon les vrais principes de la Réformation et de l'Evangile, nous avons élevé ce monument expiatoire ».

Le culte de la liberté, l'individualisme, ces deux notions fondamentales de la Réforme ouvrent des horizons merveilleux et annoncent des possibilités insoupçonnés, à l'aurore des temps nouveaux : ils sont la force du protestantisme, ils sont aussi sa faiblesse. Avec l'église apostolique surgit et se développe un individualisme inconnu du monde païen ; aux héros de l'antiquité, que la tradition divinise, aux surhommes jaillis d'une foule anonyme, qui semble n'exister que pour rehausser leur éclat, on oppose la valeur infinie de toute créature humaine, l'immortelle destinée de chaque âme, la similitude de tous les hommes devant le jugement de Dieu. Les églises évangéliques s'empareront de ce principe pour attribuer au témoignage de la conscience la valeur d'un critérium et pour démocratiser l'organisation ecclésiastique ; elles ébranleront l'édifice séculaire de l'Eglise Romaine, mais, arme à double tranchant, le libre examen qui les a libérées, risque de saper les assises de leur doctrine et de leur foi. Les textes bibliques étant interprétés différemment, les opinions s'affrontent et se contredisent ; nul chef infaillible n'étant admis à les départager, l'unité s'en ressent fatalement, et Bossuet pourra souligner avec quelque satisfaction la « variation des églises protestantes ». Cependant, après des siècles de persécutions, ces églises, qu'un trait de plume du Roi Soleil devait annihiler à jamais, sont toujours debout ; elles ont su, malgré leur discipline relâchée et leur manque de cohésion doctrinale, triompher de tous les assauts, et, en face du rempart de la Catholicité, demeurer actives et vivantes.

Puissant par le nombre et par l'influence qu'il exerce sur le monde civilisé, le Protestantisme n'a pu, en France, que survivre, en demeurant fidèle à son idéal magnifiquement exprimé par Vinet : « Quand tous les périls seraient dans la liberté, toute la tranquillité dans la servitude, je préferais encore la liberté, car la liberté c'est la vie, et la servitude c'est la mort. »

Il existe dans toutes les sectes issues de la Réforme un certain dynamisme, inhérent à leur nature même, qui leur permet de s'adapter aux circonstances et d'évoluer en conformité avec les progrès scientifiques et les transformations de la connaissance qu'il implique; une force propulsive, dont aucune restriction dogmatique ne saurait réfrener l'élan, les entraîne à agir, les incite à renouveler leurs formules et leurs méthodes, et à adopter un langage accessible à l'entendement de. leurs contemporains. La philosophie darwinienne, d'une part, l'avènement de l'éxégèse et de la critique historique de l'autre, ont influé sur les théologiens protestants : ceux-ci, à l'instar des Channing, des Coquerel, des Sabatier, ont allégé le calvinisme de certains dogmes implacables, ils l'ont assoupli, et, rejetant la thèse périmée de l'inspiration plénière et littérale des textes sacrés, ils ont tenté d'en dégager. l'esprit sans s'attarder aux obscurités de la lettre. Luther affirmait déjà que le « témoignage de la conscience est supérieur à celui du monde entier » (1), et l'un des théoriciens du protestantisme libéral le caractérisera ainsi : « C'est une tendance qui non seulement applique à la religion la méthode de libre et personnelle recherche, mais qui demande à ses adeptes de se conquérir par la réflexion et l'étude des convictions individuelles, de soumettre leurs croyances à l'épreuve perpétuelle de leur conscience et de leurs lumières nouvelles. » (2)

Nous avons vu, dès sa naissance, l'Eglise Réformée préoccupée des questions sociales, soucieuse d'améliorer la condition matérielle de ses frères malheureux; par l'intermédiaire de ses diaconies et de ses institutions charitables, elle s'efforcera de continuer

---

(1) Luther, œuvres TXII : p. 1430.
(2) Wagner : *Protestantisme libéral et libre pensée, page 118.*

l'œuvre entreprise par les congrégations religieuses et de présider à une distribution rationnelle et efficace des secours. Ces tentatives, bien que modestes et sporadiques, furent intéressantes dans la mesure où elles introduisirent dans l'organisation de la bienfaisance les conceptions nouvelles d'une assistance laïque et mutuellisée.

Bientôt les Huguenots n'auront plus d'autre espoir que celui de sauvegarder leur vie sans abdiquer leur foi ; s'ils fraternisent, ce sera dans les assemblées du Désert, dans les grottes des Cévennes, sur les bancs des galères, ou sur le chemin de l'exil. Emprisonnements, exécutions, confiscations de biens, enlèvement d'enfants, dragonnades..., page sombre et douloureuse de l'histoire de France : l'Edit de Tolérance de 1787 mettre fin à ce martyrologue sans en effacer les sanglantes traces.

La Révolution éveillera tous les espoirs, aussitôt anéantis ; la liberté de conscience ne sera sanctionnée définitivement qu'au début du xixe siècle, par la loi du 18 Germinal An X, qui donne aux Eglises Réformées un statut et assure leur sécurité, tout en restreignant leur autonomie.

A l'abri des persécutions, mais anémié par une lutte épuisante, amputé des meilleurs de ses membres, appauvri et désemparé, le Protestantisme français va connaître une période de torpeur et d'indifférence dont il s'évadera avec peine. On put redouter un instant que son existence ne devînt purement nominale, qu'il ne parvînt pas à se relever de ses ruines et que ses impulsions généreuses d'antan se fussent évanouies à jamais. Cependant, cette étape d'indolence et de stagnation sera de courte durée ; des pionniers se lèvent ; ils annoncent et préparent le Réveil religieux de 1820. Celui-ci ne fut pas, comme on a voulu le prétendre, une importation britannique : en dépit de campagnes d'évangélisation dirigées par des missionnaires étrangers, il eut, par ses origines et par ses aboutissants un cachet national; facilité par des patriotes tels qu'Oberlin et que Legrand, il ne pouvait que confirmer l'appréciation de Faguet, à savoir « Qu'il n'y a rien de plus français, de plus « vieux français », que le protestantisme en France » (1).

Un grand souffle de renouveau spirituel va bouleverser les communautés assoupies; il arrachera les chrétiens à leur léthargie, ranimera une piété qui se figeait, suscitera des conversions, des vocations, des apostolats. Un élan irrésistible de charité s'ensuivra : les œuvres fleuriront nombreuses; confessionnelles pour la plupart, elles n'hésiteront cependant pas à répandre leurs bienfaits sur tous les déshérités, et à s'adjoindre toutes les bonnes volontés qui s'offriront à elles. Des laïques dévoués seconderont les pasteurs, d'autres s'associeront avec des chrétiens de toute confession, dans un but hautement humanitaire. Ainsi se constitua la « Société de la morale chrétienne », dont Guizot fut un des animateurs, groupement qui prit vigoureusement partie contre les injustices et les iniquités, et dont l'action sur l'opinion publique, et les interventions auprès du Pouvoir, ne manquèrent pas de faire sentir leurs effets.

Les effusions mystiques du Piétisme qui s'adresse surtout à la sensibilité et ne tient guère compte des besoins intellectuels, ne pouvaient satisfaire les exigences de certains esprits rationalistes plus enclins aux déductions logiques qu'aux expériences religieuses. Un courant se dessina bientôt parmi les penseurs et les historiens; il orienta la théologie vers le libéralisme qui simplifia la doctrine chrétienne et la condensa en quelques vérités essentielles, telles que l'amour de Dieu et du prochain, et la croyance en l'immortalité de l'âme. Délesté d'un bagage dogmatique encombrant, le protestantisme libéral en France,

____

(1) Cité par Viénot in : Histoire de la Réforme Française, p. 285.

de même que l'unitarisme en Amérique, se tourna
vers l'action morale et consacra à l'entr'aide sociale
le meilleur de ses forces. Peu à peu s'apaisèrent les
conflits et les dissensions qui mettaient aux prises
orthodoxes et libéraux; s'ils restèrent sur leurs positions doctrinales, du moins s'unirent-ils d'un commun
accord pour mener à bien la tâche pratique qui s'imposait à eux.

Au début du xx⁰ siècle, le mot de solidarisme chrétien, popularisé par Secrétan et ses disciples, est sur
toutes les lèvres ; il se manifeste par une activité
sociale qui se dépense dans tous les domaines : lutte
contre les taudis, contre l'alcoolisme, contre l'immoralité, assistance aux enfants, aux adultes, aux vieillards, œuvres pour les prisonniers, pour l'adolescence
et pour la jeunesse. A l'instigation de Fallot et de
Gounelle, ouverture de Fraternités, de Solidarités, de
Foyers du peuple. Le Christianisme Social est en plein
essor, l' « Association pour l'étude pratique des questions sociales » réunit une documentation sérieuse et
approfondie et initie l'élite de la bourgeoisie aux problèmes économiques de l'heure, cependant que l'Ecole
de Nîmes » convertit aux principes rochdaliens les
extrémistes de la Coopération. Les orateurs de la
chaire, les Wagner, les Wilfred Monod, prêchent le
salut social, corollaire du salut individuel, et l'avènement sur la terre d'un Royaume divin où la Justice
habiterait.

A la veille de la guerre, un grand élan soulève la
jeunesse pensante et croyante du Protestantisme
français; elle connaît l'étendue du mal et la faiblesse
de ses moyens, mais son enthousiasme raisonné ne
s'effraie d'aucun obstacle, son idéal d'équité et
d'amour lui paraît digne de tous les renoncements.
La guerre a-t-elle anéanti tous ces espoirs ? Le recul
nous manquant encore pour établir les tendances de
la génération qui monte, il serait prématuré de conclure.

CHAPITRE PREMIER

*Les Précurseurs : La vie du Pasteur Oberlin. —
Daniel Legrand et la Législation internationale du
Travail. — Les Institutions sociales du patronat
alsacien.*

La vie du Pasteur Oberlin

Parmi les précurseurs qui, par la sainteté de leur
vie, ont hâté le réveil des églises, et qui ont su, tant
par leur enseignement que par leur sens réalisateur,
jeter les bases du christianisme social de l'avenir, se
détache la puissante et originale figure de celui que
la postérité surnommera le « Patriarche du Ban de
la Roche ». C'est aux alentours de la vallée de la
Bruche, aux confins de l'Alsace et du département
des Vosges, que Jean Frédéric Oberlin exercera pendant soixante ans, son ministère. En 1767, à l'âge de
vingt-sept ans, renonçant à l'armée et à l'étude des
sciences naturelles où il commençait à se distinguer,
délaissant volontairement les centres de culture intellectuelle où son intelligence brillante et vive se com-
plaisait, Oberlin, suivant sa vocation pastorale, résolut de se fixer à Wildesbach et de consacrer toutes
les ressources de son esprit et de son cœur aux habitants des cinq villages qui constituaient alors le Ban
de la Roche. La région où il s'établissait était particulièrement sévère : le paysage aride et dénudé avait

marqué de son empreinte une population arriérée et fruste, que la pauvreté du sol et la rudesse du climat condamnaient à une existence à la fois précaire et misérable. Tant d'obstacles devaient tenter son courage que soutenait une piété vibrante ; à l'âge de vingt ans, il écrira déjà dans une prière : « Je te consacre tout ce que je suis et tout ce que j'ai : les facultés de mon âme, les membres de mon corps, ma fortune et mon temps. Aide-moi toi-même, ô Père de miséricorde, à n'employer tout qu'à te plaire ! » Un autre motif l'encourageait à accepter cette tâche ingrate : son prédécesseur l'y conviait. Or celui-ci n'était autre que Jean Stuber qui avait su avec un zèle admirable poser des jalons et amorcer les réformes qu'avec son génie créateur, et son ingéniosité naturelle, le jeune pasteur saurait compléter en les perfectionnant.

A peine installé dans son vallon, Oberlin se mit à l'œuvre : il comprit qu'il fallait à tout prix relever le niveau moral de ses paroissiens en stimulant leurs sentiments religieux et en favorisant l'instruction des adultes et des enfants. Par des prédications simples et accessibles aux plus humbles, au cours d'entretiens particuliers, il s'efforça de leur faire saisir que pour honorer Dieu, il faut non seulement s'unir à lui par l'oraison, mais encore le servir en menant une vie pure, paisible et laborieuse. A la question de l'éducation, il donna tout ses soins : tout était à faire dans ces communes isolées où les enfants se réunissaient de temps à autres autour de maîtres, illettrés eux-mêmes le plus souvent, qui remplissaient alternativement les fonctions de pâtre ou d'instituteur. Suivant l'exemple de Stuber, qui avait initié ses élèves à la lecture au moyen d'un alphabet méthodique, et qui leur avait inculqué les premières notions de solfège, Oberlin voulut d'abord former des maîtres qualifiés qui s'apelleront des « régents »; il leur révélera la beauté de leur mission et l'étendue de leur responsabilité.

. Grâce à des dons et aux sacrifices personnels qu'il s'imposa, il fit construire successivement des écoles dans les villages de Bellefosse, Wildesbach, Belmont, Fouday et Salbach. Pour les tout petits, il créa des classes enfantines dirigées par des femmes, instruites suivant une méthode singulièrement voisine de celle que Froebel et Mme Montessori vulgariseront plus tard. Ce sont les « conductrices de la tendre enfance » : expertes en tricotage, elles enseignent le découpage, le dessin, le nom et l'utilité des herbes et des plantes, elles font cultiver de petits jardins, elles pratiquent avant la lettre l'instruction par le développement des sens, que les « Kindergarten » modernes se chargeront de réglementer. Un plan d'études éminemment pratique, inspiré des principes pédagogiques de Spencer et de Pestalozzi, est élaboré pour les écoliers : leur emploi du temps est fixé heure par heure et le bon pasteur suit attentivement le progrès des élèves. Ce programme comprend, outre les matières habituelles, l'enseignement de la peinture, du chant et de la musique; des leçons sont données sur l'emploi des engrais, la levée des plans, la greffe des arbres fruitiers, sur la culture, et sur toutes les notions utiles à de futurs agriculteurs. Les classes sont mixtes ; Oberlin préconise l'instruction des filles au même titre que celui des garçons, il veut « qu'elles soient instruites des avantages et des règles de notre nouvelle Constitution »; il sait combien est primordiale et indélébile l'influence maternelle, car « c'est la femme qui façonne presque seule les premières années de notre vie et donne la première direction à nos goûts, à nos passions et inclinations » (1). Les directives morales sont résumées ainsi par Louise Schaeppler sa fidèle servante et collaboratrice, dont le prix Montyon récompensera la longue carrière de dévouement : « On leur expose ce qui fait plaisir à

---

(1) Cité par Maury in : *Histoire du Sentiment religieux*, p. 58.

ce bon Dieu tout sachant, et d'un autre côté tout ce qui lui déplaît ; on tâche de leur donner de l'horreur pour le mensonge, le jurement, la désobéissance, le manque de respect aux pauvres, la malpropreté, la paresse... »

Devançant le scoutisme de Baden-Powell, Oberlin, afin de donner aux jeunes garçons le sens de l'initiative et de la responsabilité, les groupa en escouades : un rôle de surveillance, d'organisation ou de commandement y étant dévolu à chaque enfant en particulier. Au cours du soir destinés aux adultes on étudiait le droit usuel, l'économie politique, la comptabilité ; une bibliothèque circulante était à la disposition des membres studieux, désireux de s'instruire.

Homme d'action, aux vues justes et pénétrantes, le pasteur de Wildesbach ne se contenta pas de convertir les âmes et de moraliser la jeunesse ; il entreprit encore une série de réformes si judicieuses et si fécondes, qu'on a pu dire sans exagération que les créations de l'assistance moderne sont presque toutes en germe dans les institutions du Ban de la Roche.

Oberlin n'admettait pas de cloisons étanches entre le sacré et le profane ; il constatait la présence de Dieu dans toutes les manifestations de la nature et de la vie, aussi jugeait-il qu'en défrichant la terre, en irriguant les prairies, en intensifiant la production, on servait encore le Seigneur et qu'on obéissait à sa loi. Sur ses indications, on construisit des routes et des canaux qui ouvrirent de nouveaux débouchés et facilitèrent les échanges commerciaux avec les pays avoisinants ; chacun voulut contribuer à édifier le fameux « Pont de la Charité » qui traverse la rivière Bruche. Félicitant les terrassiers improvisés qui lui apportaient ainsi leur concours, il dira, faisant allusion aux chemins tracés par eux, « qu'ils réjouissent et soulagent tous les frères et sœurs de Jésus-Christ qui y passent, et, au dernier jour, le Seigneur dira

à ceux qui, par amour pour Lui, auront contribué aux
bons chemins : « Ce que vous avez fait aux petits de
mes frères vous l'avez fait pour moi. » (1) Il accorda
sa sollicitude aux travaux des champs, encouragea
les cultivateurs à faire usage des engrais les plus
fertilisants, à ensemencer des espèces variées des
pomme de terre et à s'adonner à la culture du lin. Il
ira même jusqu'à exiger des enfants avant leur récep-
tion dans l'Eglise, un certificat attestant qu'ils ont
planté deux jeunes arbres avec succès. Il répandit des
notions d'hygiène et se servit de ses connaissances
médicales pour soigner les malades et les blessés ; il
distribua même des instructions sur le moyen de secourir les victimes de l'asphyxie ou de l'immersion.
Attentif à toutes les lacunes, toujours en quête de
solutions appropriées, il constata que la contrée ne
possédait aucune industrie, que les artisans faisaient
défaut et que les longues journées d'hiver demeu-
raient sans emploi. Aussitôt, il envoya des jeunes gens
dans la plaine pour y faire leur apprentissage, et il
décida un industriel à ouvrir une manufacture au Ban
de la Roche. En ce qui concerne la mutualité et la
coopération qu'il propagea et développa dans toute
sa sphère d'activité, Oberlin fut véritablement un
initiateur. Il incita ses paroissiens à s'associer pour
la cuisson du pain, pour l'arrosage des prés, pour
l'assèchement du lin. Il fonda un magasin qui vendit
à crédit et aux prix coûtant, des instruments ara-
toires, des outils et des graines. Pour ceux qui avaient
besoin d'une aide immédiate et temporaire, il organisa une Caisse d'Emprunt qui, moyennant certaines
garanties, prêtait sans intérêt ; si, au terme fixé, la
somme n'était pas remboursée, la dette était annulée
d'office : ce cas se présentait rarement, les débiteurs
se libérant presque toujours avant l'échéance prévue.
Dans ce programme social perfectionné, la charité ne

____

(1) Maury; op. cité, p. 10.

perd pas ses droits : on rentre la récolte et on répare les maisons lézardées des malades, des veuves et des orphelins ; la caisse des pauvres centralise les dîmes que les villageois prélèvent sur leurs modestes gains. On ne saurait passer sous silence le rôle politique du pasteur alsacien; lorsqu'en 1794 la Convention fit fermer tous les temples, il se mua en orateur populaire et il obtint que les réunions du club révolutionnaire eussent lieu dans l'église et se terminassent par la prière et le chant des cantiques. Républicain sincère, mais ennemi de la tyrannie, il cacha à plusieurs reprises, au péril de sa vie, des proscrits et des suspects.

En 1826, âgé de 86 ans, Jean-Frédéric Oberlin s'éteignait entouré d'admiration et de respect. Sa renommée avait franchi depuis longtemps les cimes vosgiennes ; l'Empereur Alexandre de Russie dira de lui : « Je l'aime, je le révère et me recommande à ses prières... » L'ordonnance qui le nomme Chevalier de la Légion d'honneur reconnaît « qu'il emploie de constants efforts pour améliorer l'état de ses paroissiens, que l'on doit à son zèle et à ses lumières les établissements d'instruction primaire formés dans cette commune, comme ceux de plusieurs branches d'industrie, de meilleurs procédés agricoles et des travaux utiles sur les routes... »

On ne saurait mieux résumer la vie exemplaire de ce saint protestant qu'en citant le bel hommage que lui rendit un auteur anglais : « En poursuivant le fleuve de la charité chrétienne jusqu'à sa source, nous le trouvons surtout dans les montagnes d'Alsace. S'il existe un homme auquel le mérite d'avoir ouvert cette fontaine puisse appartenir, c'est bien le pasteur Oberlin de Wildesbach, dans le Ban de la Roche. » (1)

---

(1) Leenhardt : *J.-F. Oberlin*, p. 85.

Daniel Legrand et la Législation du Travail.

Lorsque le pasteur Oberlin projeta d'implanter une industrie dans son pauvre vallon voué aux travaux agricoles, lorsqu'il voulut procurer une occupation rénumératrice à ceux que leur âge, leur santé, ou la longueur de l'hiver retenaient loin des champs, il s'adressa avec confiance à ses amis Legrand, fabricants de rubans, issus d'une ancienne famille huguenote fixée à Bâle. Jean-Luc et son fils Daniel répondirent favorablement à l'appel qui leur était adressé : ils quittèrent la Suisse et vinrent s'établir dans la commune de Fouday où ils transportèrent leurs métiers et leur outillage. La fabrication des rubans, qui comportait des métiers indépendants, s'accordait avec le travail à domicile, tel que le souhaitait le pasteur du Ban de la Roche : elle procurait aux paysans un précieux appoint, et un utile emploi de leurs loisirs. Tandis que le père Legrand, républicain de vieille souche, passionné de liberté et de progrès, collaborait avec Oberlin dans son œuvre d'éducation scolaire et familiale, son fils mesurait avec angoisse l'abîme qui séparait l'amour chrétien dont il avait été nourri et les injustices sociales dont il était journellement le témoin. Chrétien convaincu, à l'esprit missionnaire, il se fit d'abord colporteur biblique dans l'ouest et le midi de la France, prêchant la bonne parole et distribuant des évangiles sur les routes et dans les villages, puis, après un voyage à l'étranger, il regagna les Vosges et sa manufacture, afin d'y étudier dans le calme et le recueillement les moyens de remédier aux souffrances des classes laborieuses.

Homme réfléchi, mais avide d'action, les utopies révolutionnaires ne pouvaient satisfaire son intelligence lucide et pénétrante ; la Déclaration des droits de 1789 ne suffisait pas à rassurer son inquiétude ; il voulait alléger par des mesures effectives les misères d'une classe opprimée. « ...Le règne des droits

individuels seuls », écrira-t-il dans des vœux dédiés au
« roi des Français », « est le gouffre de la véritable
liberté ; par contre, le règne des devoirs envers Dieu,
la famille, la société, et envers soi-même, est son
arbre de salut. »

La question du travail des enfants le préoccupa en
premier lieu. Par les enquêtes officielles menées en
1833 et en 1837 auprès des autorités locales, et surtout par le travail mémorable du Dr. Villermé chargé
d'étudier en 1840 « la condition physique et morale
des ouvriers employés dans les manufactures de
coton, de lin et de soie », on sait combien effroyable
était la situation des enfants embauchés par la grande
industrie. Pour une rétribution dérisoire, on infligeait
à de malheureux bambins, dès l'âge de 6 ou 7 ans, un
travail quotidien de dix, douze, voire même quinze
heures. Privés d'air, de lumière et de sommeil, insuf-
fisamment nourris, les petits soumis à ce régime inhu-
main succombaient dans des proportions impression-
nantes. Seuls les jeunes ouvriers dotés d'un organisme robuste parvenaient à résister à la maladie et
à la misère, ils étaient condamnés à grandir dans la
plus parfaite ignorance, viciés moralement par la plus
néfaste des promiscuités.

Révolté par tant de cruauté, constatant les graves
dangers qu'un tel état de choses faisait courir à l'avenir de la race, Daniel Legrand ne s'arrêta pas aux
récriminations et aux plaintes. Il commença par appliquer dans sa propre vallée un certain nombre de
réformes : il fonda de nombreuses écoles, réduisit les
heures de travail des enfants, et leur interdit le travail de nuit. Déjà son coreligionnaire Jean-Jacques
Bourcart, industriel à Guebwiller et philanthrope
éclairé, avait signalé à la « Société Industrielle de
Mulhouse » les ravages dont était responsable ce système barbare. Celle-ci avait aussitôt saisi de la question son Comité d'économie sociale, qui, rivalisant de
zèle avec le fabricant de Fouday, multiplia pendant

douze ans ses pétitions aux Assemblées Législatives en faveur de la protection infantile, et, après le vote de la loi, leur signala à maintes reprises, son inexécution. Influencé par Saint-Simon et par Owen, et fort de ses expériences personnelles, Legrand s'insurgéa contre les lois implacables de l'économie orthodoxe qui voit dans toute entrave à leur libre jeu une faute et un danger. Sa conscience chrétienne ne voulut pas admettre l'existence d'une inexorable loi d'airain qui ferait osciller le travailleur entre le minimum de salaire nécessaire à sa subsistance et le sous-salaire qu'il côtoie comme un abîme, mais il comprit que, privé du droit d'association, l'ouvrier réduit au chômage par une crise inévitable de surproduction, se trouve désarmé et sans appui.

Pour pallier les effets redoutables d'une concurrence qui tend sans cesse vers la compression des salaires, il envisage deux remèdes. L'action philanthropique des chefs d'entreprise peut améliorer des situations locales, mais la compétition rend les patrons solidaires; l'un d'eux ne peut s'aventurer seul dans la voie des améliorations sociales, sans courir le risque de voir péricliter ses affaires et même d'être complètement ruiné. Sans doute existe-t-il de louables exceptions ; le patronat protestant d'Alsace avec les Dollfus, les Kœchlin, les Schlumberger de Mulhouse, les Bourcart de Guebwiller, les Odier, les Rousseau, etc..., a de son devoir social une conception particulièrement élevée, mais des milliers de travailleurs ne sauraient être à la merci d'une générosité facultative et dont on ne peut escompter la généralisation. L'autre solution paraît moins incertaine et plus efficace : c'est celle de l'intervention des pouvoirs publics en matière de réglementation industrielle. C'est donc à l'interventionnisme que le fabricant de Fouday se ralliera. Sans répit, il luttera pendant vingt ans pour le triomphe de ses idées: il proteste auprès des parlementaires des deux assemblées contre le travail prématuré et excessif auquel les enfants sont soumis, il envoie aux ministres des mémoires et des pétitions, il lance des appels et des proclamations aux gouvernements étrangers, auxquels il recommande la législation internationale, but ultime de ses campagnes et de ses vœux.

En retard sur la Prusse et sur l'Angleterre, la France promulgue enfin la loi du 22 mars 1841, qui marque au xixe siècle la première étape de sa législation sociale. Ses restrictions sont encore bien timides puisque l'enfant est admis à l'atelier à partir de huit ans, mais on ne pourra plus désormais l'y employer pendant plus de douze heures par jour. La Commission qui prépara le projet de loi rendit hommage à l'active propagande de Legrand et de Bourcart qui contribua largement à son succès.

Encouragé par ce premier résultat, Daniel Legrand redoubla d'énergie. Dans les nombreuses lettres qu'il adressa à François Delessert, au comte Agénor de Gasparin, au duc de Broglie, à Guizot, il justifia les réformes exigées en fournissant des arguments convaincants. Il fit valoir à quel point le travail prématuré et prolongé des jeunes garçons nuit à leur développement physique et moral, et est incompatible avec toute instruction primaire ; d'autre part, recevant des salaires inférieurs, ils concurrencent et évincent fâcheusement les ouvriers âgés qui ne parviennent plus à se faire embaucher. Il intervint avec une même ardeur en faveur de la protection des adultes, soutenu dans ses revendications par le « Conseil Général du Haut-Rhin », par la « Société pour l'Encouragement de l'Instruction parmi les protestants de France » et par la « Société Industrielle de Mulhause » qui, par l'organe du Docteur Penot, diffusait dans toute la région ses conceptions altruistes. La loi seule est capable d'assurer la sécurité des travailleurs, qui cessera d'être subordonnée au bon vouloir patronal, elle seule pourra fixer une limite normale à la journée de travail. L'ampleur constamment accrue des relations industrielles et commerciales entre les différentes nations, lui fait pressentir l'urgence d'une législation qui serait internationale, en attendant de devenir universelle. Il préconise l'adoption d'une loi générale qui interdirait l'action des moteurs mécaniques pendant plus de douze heures par jour, dans les établissements industriels; il propose même comme désirable la fermeture des ateliers et des fabriques pendant la journée et la nuit du dimanche. Enfin, il s'élève contre l'ouverture d'un nombre immodéré de débits de boissons, se fait le champion de la petite propriété, et suggère des mesures de décentralisation.

A une époque où les personnalités les plus libérales et les plus généreuses de la bourgeoisie considéraient le paternalisme comme une forme supérieure de l'entr'aide sociale, Daniel Legrand se déclara partisan résolu d'une intervention protectrice de l'Etat; sa perspicacité, qui lui fait honneur, le rend digne de figurer aux côtés de Blánqui et de Villermé, parmi les précurseurs de la législation internationale du travail.

3) Les Institutions sociales du Patronat Alsacien

« Le fabricant doit autre chose à ses ouvriers que « le salaire : il est de son devoir de s'occuper de leur « condition morale et physique, et cette obligation, « toute morale, et qu'aucun salaire ne saurait remplacer, doit primer lés conditions d'intérêt particulier. » Ces paroles, prononcées par Jean Dollfus, pourraient servir d'épigraphe à l'histoire des institutions dont les industriels alsaciens, groupés autour de la « Société Mulhousienne », eurent la fierté de doter leur pays.

Au début du siècle, la ville protestante de Mulhouse, ancienne alliée des cantons suisses, devenue volontairement française en 1798, subissait le contre-coup du bouleversement déchaîné par l'introduction du machinisme et par les effets de la concurrence. Peu favorisée par sa situation géographique, distante à la fois des ports maritimes et des gisements houilliers, l'industrie régionale mesura le péril qui la menaçait; pour contrebalancer ces inconvénients et pour faire face à la compétition étrangère, elle résolut de perfectionner son outillage, et de mettre sur le marché des produits incontestablement supérieurs, tant par la qualité des matériaux que par la finesse de l'exécution. En vue d'atteindre ce but, vingt-deux manufacturiers appartenant presque tous à la bourgeoisie protestante, se groupèrent, en 1826, pour fonder la « Société Industrielle de Mulhouse ». Cette Société qui réunissait des chefs d'entreprise tels que les Dollfus, les Thierry-Mieg, les Kœchlin, les Schlumberger, les Zuber, etc..., et qui englobait diverses industries parmi lesquelles se développèrent la filature et le tissage du coton, le blanchiment et l'impression des tissus, les produits chimiques et les constructions mécaniques, se proposait, ainsi que l'indiquent ses statuts, « de réunir en un point central un grand nombre d'éléments d'instruction par la communication des découvertes et des faits remarquables, ainsi que les observations qu'ils auront fait naître ». Mais, originalité méritoire, les fondateurs de l'association, éclairés par le commerce des philosophes, et guidés par leurs convictions religieuses, ne se contentèrent pas de poursuivre des améliorations techniques et professionnelles, ils cherchèrent à réaliser des progrès sociaux; ils imaginèrent le mouvement des institutions patronales. « ...Dans cette émulation de patronage » — écrit M. Pinot — « les industriels de Mulhouse créeront peut-être l'œuvre la plus complète, et d'autant plus intéressante qu'elle fut non seulement individuelle, mais collective, préludant ainsi à celle que devait réaliser, plus tard, toute l'industrie métallurgique, sous la direction du Comité des Forges. Jamais encore les patrons n'avaient manifesté plus de zèle intelligent pour améliorer les conditions matérielles et aider au progrès moral des ouvriers. » (1)

Plusieurs écoles d'art ou de spécialisation furent ouvertes par l'entremise de la « Société Industrielle »; en 1829, une école de dessin, plus tard des écoles de chimie, de tissage, de filature, d'art professionnel. En 1866, les frères Siegfried fondèrent une école supérieure de commerce, celle-ci dut fermer ses portes sous la domination allemande, mais, au lendemain de l'armistice, M. Jules Siegfried eut la joie de la réinstaller dans sa ville natale. Le député du Havre avait également organisé à Mulhouse un cercle ouvrier, qui fonctionna régulièrement jusqu'en 1887.

Chef éminent et philanthrope avisé, Jean Dollfus (1800-1887), apôtre du paternalisme, aurait voulu voir tous les patrons prendre à cœur leur rôle social, en exerçant sur leurs ouvriers une action tutélaire et une influence morale. Lui-même prêcha d'exemple : c'est sous son impulsion que furent organisées la majorité des institutions de secours et de prévoyance dont Mulhouse put à juste titre, s'enorgueillir.

Sur son initiative, se constituait, en 1853, avec un capital de 300.000 francs, la *Société Mulhousienne des cités ouvrières*. Cette Société dont le dividende ne pouvait dépasser 4 %, devait permettre aux ouvriers de devenir, au bout d'une quinzaine d'années, propriétaires des maisons entourés de jardinets, dont ils avaient la jouissance, moyennant un versement mensuel de vingt à trente francs. En 1877, 945 maisons avaient déjà été vendues aux travailleurs des fabriques de Dornach, et, devant cette réussite, les Bourcart décidèrent de construire des habitations pour les employés des établissements de Guebwiller. Jean Dollfus fit encore installer des bains et des lavoirs pour favoriser l'hygiène et la propreté; il créa

---

(1) Pinot : *Œuvres sociales dans les industries métallurgiques.* Introduction.

un asile de nuit qui offrait un gîte gratuit aux ouvriers pauvres de passage dans la ville, et une boulangerie coopérative qui vendit le pain au-dessous du cours normal. Il contribua à faire édifier l'hôpital civil et les marchés couverts, et ouvrit à Dornach un asile pour les retraités.

Vers 1850, il institua, en collaboration avec cinq autres maisons mulhousiennes : une *Société d'encouragment à l'Epargne*, qui, cinquante ans avant la loi sur les retraites ouvrières, assurait des pensions de retraite aux vieux ouvriers des fabriques, et des *Caisses de Secours Mutuels*, alimentées par les patrons et les ouvriers pour couvrir les risques : accident, vieillesse et maladie. Devançant de plusieurs années l'intervention législative en matière de protection maternelle, qui ne se manifeste qu'avec la loi du 27 novembre 1909, il provoqua, dès 1864, la création d'une *Association pour les femmes en couches,* qui accordait des secours aux jeunes mères pendant les semaines consécutives à l'accouchement. Considérant que le travailleur manuel a non seulement droit à un minimum de bien-être, mais qu'il faut encore lui donner les moyens de cultiver et d'enrichir son esprit, Jean Dollfus, secondé par son gendre Frédéric Engel-Dollfus, institua des bibliothèques, des salles de conférences et de réunions, où les concerts, les fêtes, les séances de gymnastique se succédèrent. En 1858, il éleva sur la Chaussée de Dornach, une maison modèle pour abriter toutes les œuvres de patronage.

Aucune organisation officielle chargée de veiller sur la sécurité des travailleurs, n'existait encore lorsque Frédéric Engel Dollfus, patron social lui aussi et Président de la Commission instituée pour l'application de la loi de 1841, se distingua en fondant l' « *Association Préventive des Accidents de Fabrique* » (la première du genre qui ait été créée en France), afin de diffuser l'emploi d'appareils perfectionnés, destinés à rendre les machines moins dangereuses et moins

meurtrières : cette Société cessait d'être utile et dis-
paraissait en 1896 avec l'introduction de la nouvelle
législation allemande. Nous ne pouvons insister sur
toutes les autres fondations philanthropiques qui sont
à l'actif de la « Société Industrielle de Mulhouse »,
nous observerons seulement qu'elles constituent une
belle page de l'histoire du mouvement social en
France, et de l'histoire de l'Alsace, véritable pépi-
nière de grands hommes, qui se sont élevés au-dessus
de leurs concitoyens par le courage, le talent, ou la
bonté.

Dans toutes les provinces françaises, Jean Dollfus
a eu des imitateurs, et l'on sait toute l'activité sociale
déployée par les industriels du Nord, mais, afin de
demeurer dans le cadre de notre sujet, et sans pouvoir énumérer les efforts indivuduels de tous les patrons protestants, nous esquisserons brièvement le
tableau remarquable des œuvres sociales réalisées par
les Lederlin, à partir de 1872, dans leur blanchisse-
rie-teinturerie de *Thaon-les-Vosges.*

Thaon, près d'Epinal, sur les bords de la Moselle,
est un centre manufacturier qui abrite plus de 4.000
ouvriers ; c'est pour ceux-ci et leurs familles que les
propriétaires de la « Blanchisserie » ont élaboré et
réalisé un programme d'améliorations matérielles qui
tend à élever le *standard of life* du travailleur en
lui permettant de connaître une aisance relative et en
lui offrant des ressources intellectuelles et artistiques
qui cultiveront son goût et affineront sa sensibilité.

Pour les nourrissons, il existe une crêche-pouponn-
nière, une Goutte-de-lait, un dispensaire ; les femmes
mes en couches reçoivent la totalité de leur salaire
un mois avant et un mois après l'accouchement, elles
touchent, en outre, des sommes qui leur sont accor-
dées par la Caisse de Secours, par la Blanchisserie,
ou, si elles en font partie, par la Coopérative, et des
primes d'allaitement auxquelles s'ajoutent les primes
de la « Mutualité Maternelle ». Pour les enfants et les

adolescents, on a organisé des garderies, des cantines scolaires, des parcs de jeux, des sociétés sportives et de préparation militaire, qui disposent de courts de tennis, de terrains de gymnastique et de football, des groupes de louveteaux et d'éclaireurs unionistes ; enfin, des cours, des conférences, des séances récréatives. Des distractions variées sont prévues pour les adultes : sociétés de chasseurs, de pêcheurs, de boules, photo-club, société d'horticulture, Cinématographe ; une maison au centre de la ville abrite l' « Association des Mutilés et des Anciens Combattants ». En dernier lieu, un bâtiment de construction récente, aux vastes proportions, groupe, sous le nom de *Foyer social*, les diverses sociétés ; il comprend des bureaux, un théâtre, plusieurs salles de réunions, de lecture, de jeux, une bibliothèque, un ouvroir, une piscine et toute une installation d'hydrothérapie.

Le problème de l'habitation a été résolu d'une façon particulièrement heureuse : sur les 478 maisons ouvrières existantes, 152 sont la propriété des ouvriers qui les occupent. Elles ont été édifiées d'après les plans et les devis de leurs propriétaires respectifs, qui désignent les entrepreneurs de leur choix, grâce aux prêts hypothécaires consentis par la Caisse de Secours de l'usine. Un grand nombre de ces habitations, entourées de fleurs et décorées avec soin, constituent une véritable cité-jardin : l'ouvrier est d'autant plus attaché à sa demeure qu'elle a été élaborée selon ses indications, embellie selon ses préférences, et qu'elle se différencie nettement de celle du voisin. Les logements nouveaux s'accordent avec les données de l'hygiène ; ils possèdent le chauffage central et une salle d'eau qui contient un appareil à douche et une baignoire faisant aussi fonction de cuve pour le lessivage.

Les Lederlin père et fils ont fondé un certain nombre d'institutions qui ont pour but la prévoyance. En 1874, était inaugurée une « Caisse Patronale de Pensions et de Retraites »; celle-ci fusionnait en 1912 avec la « Société de Secours Mutuels », pour former la « Caisse de secours » à laquelle adhèrent, en principe, tous les travailleurs de la Blanchisserie, moyennant une cotisation équivalent à 1 p. 100 du salaire, auquel s'ajoute, par quinzaine, une somme de 0 fr. 30 pour la retraite : des subventions patronales, correspondant à un prélèvement annuel de 5 p. 100 sur les bénéfices nets, alimentent les dépenses de bienfaisance qui complètent les sommes distribuées par la Caisse de secours.

Les avantages assurés par cette dernière sont les suivants :

1° Soins et médicaments gratuits.

2° Indemnité journalière pendant la durée de la maladie égale à la moitié du salaire.

3° Constitution de pensions de retraites qui s'ajoutent à la retraite accordée par la Maison et aux sommes touchées par les ouvriers qui adhèrent à la « Loi sur les retraites ouvrières et paysannes ».

4° Secours exceptionnels en cas de besoin urgent.

4° Allocations à l'occasion de mariages, naissances, funérailles, etc..

Le paternalisme, tel que le concevaient les industriels philanthropes de la Restauration ou de l'Empire, a vécu; actuellement, les fondations en faveur de la classe laborieuse ne peuvent prospérer, que lorsque les patrons consentent à en confier, au moins partiellement, la direction ou le contrôle aux travailleurs de l'entreprise; quant à eux, ils participeront surtout aux charges financières, et, l'impulsion étant donnée, ils se tiendront volontairement à l'écart. C'est la méthode adoptée par les manufacturiers d'Amérique, à l'entière satisfaction des employeurs comme des employés.

A l'heure présente, l'hostilité contre toute ingérence gouvernementale n'est plus de mise; les bienfaits d'une réglementation protectrice sont reconnus par tous; le patronat social revêt d'autres modalités; mais il n'est que juste de rappeler que les industriels protestants de l'Est ont ouvert la voie à ces réformes, et il convient de leur adresser le souvenir reconnaissant qui leur est dû.

CHAPITRE II

*Félix Neff, l'apôtre des Hautes-Alpes. — Le Réveil
religieux et ses conséquences sociales. — La Société
de la Morale chrétienne. — Les œuvres charitables. — Le libéralisme religieux. — L'influence
de Vinet.*

FÉLIX NEFF : 1798-1829

C'est dans les hautes et inaccessibles vallées de
Freyssinières et du Queyras, que Félix Neff, d'origine
genevoise, exerça pendant quatre années son court et
magnifique apostolat social. De condition modeste,
Neff n'avait pas tardé à manifester les signes d'une
intelligence aiguë et d'un caractère supérieur. Passionné de recherches scientifiques, rien ne semblait
le prédisposer à la vocation pastorale, lorsqu'en 1818,
embrasé par les prédications du Réveil, il se convertit soudainement. Animé d'une foi vive, il résolut de
se fixer dans les Hautes-Alpes afin d'y évangéliser et
d'y secourir les descendants des Vaudois qui, traqués
et chassés par la persécution loin des régions fertiles,
s'étaient réfugiés dans une douzaine de hameaux misérables, disséminés entre Saint-Laurent-de-Crès et
Saint-Véran. Ces montagnards, d'un mytiscisme fa-
rouche, isolés du reste des hommes, menaient une
existence quasi-sauvage, ensevelis pendant les longs
mois d'hiver sous les neiges alpestres. Privés de ministres, ils avaient conservé du culte ancestral, le respect de la Bible, mais leur piété s'était émoussée, les
mœurs pures et austères des disciples de Valdo
s'étaient peu à peu corrompues. Le jeune et zélé pasteur, que la maladie devait enlever prématurément à

sa tâche, s'adonna à la rénovation spirituelle et morale de ce fief désolé. Son langage simple et entraînant sut atteindre les âmes naïves et sincères de ses primitifs paroissiens ; on les vit s'arrachant à leur torpeur et à leur indifférence, se lever d'un même élan, se répandre en actions de grâces, en exhortations, en actes de charité. Dans les granges, dans les étables, en plein air pendant la belle saison, les hommes et les femmes s'assemblaient dans un désir d'édification mutuelle, tandis que Neff, émerveillé, oubliant les épreuves et les fatigues, volait de l'un à l'autre, prodiguant des éloges, des conseils, des encouragements. « On ne connaissait ni jour ni nuit » — écrira-t-il — « avant, après, entre les services publics, on voyait tous les jeunes gens réunis en divers groupes auprès des blocs de granit dont le pays est couvert, s'édifier les uns les autres..., les rochers, les glaciers, tout me semblait animé et m'offrait un aspect riant ; le pays sauvage me devint agréable et cher du moment qu'il fut habité par des frères. » (1)

Par tous les temps, à travers les cols, le long des vallées, le pasteur de Freyssinières et de Dormilhouse allait porter à ses fidèles l'aide matérielle et le secours moral dont ils avaient besoin. Fidèle aux principes d'Oberlin, il propagea une religion qui déborde les églises et qui s'insinue jusque dans les détails les plus effacés du labeur quotidien, et, marchant sur ses traces, il doubla son sacerdoce religieux, d'un ministère social. Ramenés à Dieu, les paysans aspiraient à sortir de leur état de malpropreté et d'ignorance ; ils trouvèrent en Neff un guide sûr et clairvoyant.

Professeur, il ouvre des écoles et organise des cours dans son presbytère de Dormilhouse ; architecte, il dirige la construction des maisons et des étables ; médecin, il donne ses soins aux malades ; agriculteur, il

____

(1) Maury, op. cité, page 379.

instruit ses ouailles dans l'art de la culture et bêche lui-même la terre pour donner l'exemple ; ingénieur, il dresse le plan des travaux à effectuer ; sous sa direction, des roches sont minées, des routes tracées, des canaux sont creusés pour permettre l'irrigation des prairies. Les villages commencent à se civiliser, Félix Neff va recueillir les fruits de tont d'efforts, mais déjà ses forces le trahissent, sa fin s'annonce prochaine ; il laissera inachevé son remarquable programme d'évangéliste et de colonisateur.

Cent ans plus tard, reprenant l'œuvre interrompue, le pasteur Du Pasquier fondera une coopérative qui groupera plus de 1.400 familles. L'*Association des coopérateurs alpins* permet à ses adhérents de se procurer, à bon compte, les objets de consommation usuelle ; elle régularise et intensifie la production et ouvre à l'industrie locale de nouveaux débouchés. Son organe, « Le Coopérateur Alpin », complète son rôle économique par une action prophylactique et moralisatrice en luttant contre l'alcoolisme et la tuberculose, et en retardant l'exode vers la plaine.

Le Réveil religieux et ses conséquences sociales

Nous avons déjà vu quelques pionniers de l'idée sociale, se conformer par leurs vies et leurs actes aux préceptes de l'Evangile et aux enseignements du Prophète Galiléen ; ils seront, avec une poignée de témoins fidèles, le ferment qui fait lever la pâte ; les sentinelles qui annoncent l'aurore. Dans son ensemble, l'Eglise Protestante, ses laïques et ses pasteurs, n'offre plus que le spectacle d'un formalisme froid et étriqué : les déclarations de foi subsistent toujours, mais elles sont lettre morte, on n'adhère plus aux croyances chrétiennes, qu'avec les lèvres, le salut des âmes est relégué à l'arrière-plan, et l'esprit de charité est abandonné aux obscurs dévouements individuels. Les sermons du dimanche portent sur des sujets de morale et de philosophie, et effleurent à peine les problèmes religieux; la terminologie révolutionnaire est encore à l'honneur : le culte de la Raison, le Grand Etre, l'Etre Suprême, reviennent à tout instant dans les prédications et les discours. Le scepticisme des encyclopédistes est encore de bon ton, Diderot et Voltaire sont plus fréquemment consultés que les Evangiles.

En vertu de quel miracle la foi chancelante va-t-elle tout à coup se ranimer et se manifester par un noble élan de solidarité fraternelle Il est indéniable que la crise religieuse, qualifiée de « Réveil », a été provoquée en partie par des missionnaires étrangers; il est non moins certain que le Réveil eût été mort-né s'il n'eût trouvé chez nous des éléments préparés à le recevoir et à lui donner des directives françaises.

Le mouvement prit racine à Genève, où de jeunes pasteurs, gagnés à l'esprit de piété et de consécration qui régnait dans la petite communauté morave émigrée en Suisse, se détachèrent de l'église officielle que déchiraient de stériles querelles théologiques, pour fonder l'église indépendante du « Bourg du Four », et, avec César Malan, celle du « Témoignage ». Emules de Zinzendorf, les nouveaux convertis appelèrent de leurs vœux un retour au christianisme des premiers siècles. Ils opposèrent aux vaines controverses ecclésiastiques, la méditation et la prière, la recherche de la pureté et de la sanctification; ils substituèrent au rationalisme, héritage de la philosophie cartésienne, la piété simple et naïve des humbles et des petits.

La Société Continentale de Genève déléguera en France, évangélistes et colporteurs, qui voyageront dans tout le pays, mais agiront plus spécialement sur les régions du Midi et du Sud-Ouest. D'Angleterre, débarqueront aussi des propagandistes religieux que les églises méthodistes nous envoient. Dès 1739, les frère Wesley et George Whitefield, surnommés méthodistes à cause de leurs existences méthodiques et

disciplinées, introduisirent, en marge de l'église anglicane, des procédés inédits de prosélytisme : ils sor-
tirent des églises dont les indifférents et les incré-
dules ne franchissaient jamais le seuil, afin d'aller directement au peuple et de lui porter leur message;
ils organisèrent des cultes sur la voie publique, chez
les particuliers, dans les prisons; ils se groupèrent en
« class meetings », dirigés et inspirés par des laïques
compétents. Les Wesleyens visitèrent une première
fois les îles de la Manche, en 1818, mais c'est surtout
avec Charles Cook qu'ils inaugurèrent, à Caen, une
campagne d'évangélisation qui aboutit à la création
de centres méthodistes dans plus de huit départements français.

Si le mouvement du « Réveil » semble, en province,
avoir été déterminé dans une certaine mesure par des
conférenciers suisses ou anglo-saxons, à Paris, il eut
un caractère autochtone et prit une ampleur exceptionnelle. La ferveur religieuse renaît de toute part,
un souffle vivifiant ranime les paroisses transies; la
piété, de conventionnelle qu'elle était, devient vivante
et agissante; un immense désir d'amour et de justice
fait battre les cœurs, arme et fortifie les volontés. Individualiste par essence, ce mysticisme chrétien qui
prend pour objet l'âme humaine et son rachat, ne
saurait être taxé d'égotisme, car il vise à l'épanouissement de l'être tout entier, à l'accomplissement, pour
chaque créature, de sa destinée immortelle. Transfi-
gurés par leur illumination intérieure, munis d'une
espérance rayonnante, ces protestants dont la foi
s'est retrempée aux sources vives, ont soif d'action
et de sacrifice; ils aspirent à se dévouer à l'idéal
altruiste dont la morale évangélique leur trace les
linéaments. On se réunit, dans l'intimité, chez les Lut-
teroth, les de Pressensé, les Hollard; on s'entretient
de sujets religieux, on propose des réformes susceptibles d'atténuer les inégalités sociales. Des salles
sont ouvertes dans les quartiers populaires; des ou-

vriers s'y pressent attentifs et curieux; une de ces salles deviendra par la suite l'Eglise Libre de la rue de Provence. A la chapelle Taitbout, le pasteur Grandpierre s'adresse à un auditoire de choix; on remarque parmi les fidèles : l'amiral Ver Huell, glorieux marin de l'Empire et de la Restauration, le comte Pelet de la Lozère, futur ministre de l'Instruction Publique, Mme André, Mlle de Chabaud-Latour, le comte de Laborde, le baron Auguste de Staël et sa sœur, l'exquise duchesse de Broglie, Victor de Pressensé, et, de temps à autre, l'éloquent ami de Mme de Staël : Benjamin Constant.

« La religion semblait renaître », — notera un contemporain dans ses mémoires, — « elle connaissait de nouveau l'enthousiasme, et l'ambition lui revenait avec la foi. Elle rêvait de conquêtes : l'Evangile s'emparerait de nouveau des âmes pourvu qu'on la fit sortir des cadres officiels. La France était mûre et prête pour un meilleur sort religieux, mais il fallait dépouiller le christianisme de tout costume sacerdotal et lui rendre son caractère laïque. » (1)

Profondément cultivés et largement tolérants, ces hommes, dont plusieurs allaient occuper sous le Gouvernement de Juillet de hautes situations officielles, auraient pu prendre pour devise les paroles de Vinet : « Nous ne sommes ni de Rome, ni de Genève, mais nous tendons une main fraternelle aux hommes de toutes dénominations qui ont choisi Christ pour leur espérance et pour leur lumière ». C'est du moins dans cet esprit qu'ils s'associèrent, en 1821, avec des catholiques libéraux pour fonder la *Société de la Morale Chrétienne*, qui s'abstint de toute immixion dans le domaine de la politique et dans celui du dogme, et qui inscrivit en tête de son journal ce verset de l'épitre aux Ephésiens : « Pratiquons la vérité par la charité. » (2)

---

(1) Pédezert : *Souvenirs et études*, p. 14.
(2) Ephés. IV : 5 : 15.

Par le nombre et la valeur de ses représentants, le protestantisme occupa dans la « Société de la Morale Chrétienne », une place prépondérante. Sur les 150 membres que comptait cette association en 1823, on relève les noms de 15 pasteurs (on n'enregistra que deux adhésions de prêtres), parmi lesquels Marron, Stapfer, Monod, Allègre, Coquerel, Oberlin. Guizot est un des dirigeants les plus actifs et sera nommé président en remplacement du duc de La Rochefoucauld-Liancourt, en 1828. Parmi ses correligionnaires, dont plusieurs font partie du Consistoire de l'Eglise Réformée de Paris, on peut citer : le baron de Turckheim, Benjamin Constant, le baron de Staël, Dominique André, le baron de Laborde, Delessert, Odier, Laffon de Ladébat, Agénor de Gasparin, Frossard, Würtz, etc... Dans tel numéro du « Journal de la Morale Chrétienne », de 1823, tous les rédacteurs, sans exception, appartiennent à la religion réformée. Ils collaborent avec les Lafayette, les Casimir Périer, les de Lasteyrie, et accueillent des publicistes et d'anciens membres de la « Société pour la Liberté de la Presse », tels que Tocqueville, Dupont-White, Viel Castel, Kératry. A ceux qui leur attribuent un vague déisme, Stapfer, au nom de ses collègues, répond fermement : « Nous proclamons les lois de Jésus-Christ comme notre règle et comme la source de toutes les pensées généreuses, de tous les projets d'amélioration sociale, que nous voudrions provoquer et concourir à réaliser. »

Les statuts de l'association ne permettaient, d'ailleurs, aucune équivoque, et le Directeur de la Police aurait eu grand'peine à justifier le rapport tendancieux dans lequel il ne craignait pas d'affirmer que « la Société Chrétienne est une vaste ligue formée par les protestants et nos libéraux pour décatholiciser la France ».

Le but de la Société, tel qu'il est énoncé au titre II de son règlement, est « d'exposer et de rappeler sans cesse à l'esprit des hommes, les préceptes du christianisme dans toute leur pureté, de leur faire remarquer l'heureuse influence que ces préceptes exercent sur le bonheur du genre humain, et de contribuer ainsi à faire naître ou à ranimer de plus en plus en eux des sentiments de charité et d'une commune bienveillance, si propres à faire régner la paix sur la terre ». Elle se proposait, en outre, de centraliser tous les documents sur les réformes sociales réalisées dans d'autres pays et de les faire connaître par ses discours et ses publications. Enfin, elle était résolue à défendre et à diffuser toutes les causes humanitaires et généreuses et à intervenir en faveur des individus ou des peuples opprimés.

En 1822, la « Société de la Morale Chrétienne » se divisa en plusieurs Comités. Le « *Comité pour l'abolition de la traite des noirs* », fut dirigé par Auguste de Staël, fils de l'auteur de « Corinne », qui se passionna pour la question de l'esclavage. Il se renseigna auprès de Wilberforce, s'instruisit dans les ports en surveillant les paquebots en partance et leurs occupants, et, suffisamment édifié, se rendit ensuite à la Chambre des Pairs, chargé des instruments de torture qu'il s'était procuré, afin de donner aux législateurs une salutaire leçon de choses. Le « *Comité des Prisons* » s'enquiert du sort des prisonniers et tâche de les secourir; le « *Comité de Charité et de Bienfaisance* » s'occupe des institutions charitables; d'autres sections étudient l'abolition de la peine de mort, la suppression des maisons de jeu et des loteries, et organisent un bureau de placement gratuit des orphelins. En novembre 1822, se créait un Comité pour la « *Coopération des Jeunes Gens aux Œuvres et Etablissements de Charité* », et, en 1828, un « *Comité de Dames* ». Des projets concernant l'assistance, la mortalité infantile, la pornographie, l'hygiène, furent élaborés; le journal de l'association suivit de près le mouvement philosophique, et lutta avec âpreté pour la défense de toutes les libertés, celles de la presse comme celles de l'enseignement.

La « Société de la Morale Chrétienne » n'a pas édifié des institutions durables : son action matérielle fut restreinte, mais l'influence qu'elle exerça sur ses contemporains devait porter des fruits. Sous son impulsion, des courants d'opinions se dessinèrent, des iniquités furent étalées au grand jour et flétries; instruits par elle, des hommes de bonne volonté s'orientèrent vers l'action pratique et l'entr'aide sociale.

Malgré son utilité indéniable, le rôle théorique et intellectuel de cette Société, ne pouvait satisfaire le zèle charitable des chrétiens du Réveil, aussi, grâce à leurs efforts, les œuvres protestantes n'allaient-elles pas tarder à se multiplier. Inexistantes en 1800, elles atteignaient et dépassaient même la centaine, trente ans plus tard.

Les Œuvres charitables

Ces œuvres, les unes confessionnelles, les autres strictement neutres, englobent les divers modes d'assistance, et se rapportent aux différents âges de la vie. L'attention de l'élite protestante se porta spontanément sur le problème de l'enseignement dont le développement conditionne la formation morale des jeunes générations. A cette époque, l'instruction demeurait encore l'apanage des classes privilégiées, le royaume de la science était difficilement accessible à ceux que la fortune et la naissance avaient omis de combler. Dès le début de sa carrière administrative, Guizot rêva d'organiser l'enseignement primaire sous le contrôle de l'Etat. La générosité de Benjamin Delessert lui permit d'ouvrir, en 1816, une première école, rue Coq-Saint-Jean, pour les enfants pauvres du Consistoire de Paris, et, peu après, deux autres écoles, rue Bergère et Faubourg Saint-Antoine. Sur son initiative, se fondait, en 1825, avec le concours de l'amiral Ver Huell, de Delessert et du marquis de Jaucourt, descendant de Duplessis-Mornay, la « *Société pour l'encouragement de l'instruction primaire parmi les protestants de France* », dans le but de créer de nouvelles écoles protestantes et de leur donner des maîtres compétents. Ces derniers se préparaient à leur tâche en faisant un stage à l'« Ecole Normale de Courbevoie » (1844), tandis que les futures institutrices étaient dirigées sur l'Ecole Normale de Saint-Léger (1856).

La *Loi du 28 juin* 1833 sur l'enseignement de l'instruction primaire, préparée par Guizot, et qui porte son nom, devait être le couronnement de ses persévérants efforts. Cette loi, éminemment démocratique, qui institue l'instruction gratuite et obligatoire, la met à la portée des classes populaires, en obligeant chaque commune à entretenir au moins une école primaire pour les filles et les garçons.

Nous ne pouvons que mentionner les œuvres issues plus ou moins directement du Réveil, et sur lesquelles nous reviendrons à la fin de cette étude.

En 1825, Mlle Clémentine Cuvier, fille du grand Cuvier du « Museum », fonda l' « *Association Protestante de Bienfaisance de Paris* », qui devançait les « Sociétés d'Habitations à Bon Marché », en ouvrant, dès 1845, dans la rue de Reuilly, une maison à loyers réduits. Le pasteur Louis Meyer présidait une « *Société des Amis des Pauvres* »; plus de vingt orphelinats ouvraient leurs portes aux enfants abandonnés ou sans parents. A partir de 1842, la colonie de Sainte-Foy recueillit les garçons en danger moral et les jeunes délinquants pour lesquels les maisons de correction, prévues par le Code pénal, n'existaient pas encore. L'institution de « Saint-Hyppolyte-du-Fort », reçut des sourds-muets et se chargea de leur apprendre un métier, celle d'Illzach, en Alsace, hébergea des aveugles.

« *L'Institution des Diaconesses* », avec sa crèche, son école, son dispensaire, son refuge pour les filles tombées et les prisonnières libérées, date de 1841. Deux ans auparavant, un groupe de dames protestantes, encouragées par Elizabeth Fry, la noble quakeress anglaise, avait obtenu du préfet de police l'autorisation de visiter les prisonnières ; ainsi s'était constituée l' « *Œuvre Protestante des Prisons de Femmes* », qui s'adjoignit dans la suite un asile et un atelier. A l'instigation de la baronne de Staël, des femmes de cœur visitèrent les malades dans les hôpitaux ; Mme Henri Mallet adopta des enfants dans ses petites familles ; des maisons de retraite et de convalescence, des asiles de vieillards s'édifièrent dans les départements, des patronages d'apprentis se constituèrent ; au lendemain de la Commune, Mme de Pressensé posa les fondements de l' « Œuvre de la Chaussée du Maine ». En matière d'assistance par le travail, le pasteur Robin, à la « Maison hospitalière » et Mme Victor de Pressensé, à la rue de Berlin, pour le travail à domicile, furent des précurseurs. Sous la direction de Ferdinand Rossignol, la « Société Protestante du Travail » servit d'intermédiaire aux employeurs et employés et remplit l'office d'un bureau de placement. Enfin, c'est à Benjamin Delessert que revient l'honneur d'avoir créé la première caisse d'épargne française, à Rive-de-Gien, en 1817, sous la forme d'une « *Caisse de Prévoyance en faveur des mineurs et de leur famille* ». Il contribua puissamment à vulgariser et à propager ces institutions, en en fondant lui-même un grand nombre : ses interventions répétées permirent aux Caisses d'épargne d'acquérir en 1835 une existence légale.

Plus que toute autre manifestation de bienfaisance, les *Asiles de la Force* nous offrent l'émouvant et grandiose spectacle, de ce que peut réaliser l'amour chrétien, servi par une claire intelligence et une inébranlable volonté. Leur fondateur, John Bost, attiré

d'abord par les études musicales, délaissa, à la suite
d'une crise religieuse, son. art préféré, et s'installa
comme pasteur dans la petite église rurale de La
Force, en Dordogne. Le hasard conduisit à son foyer
deux orphelines, il les garda; on voulut lui confier
d'autres enfants atteints de tares physiques et morales; les demandes affluèrent, John Bost ne les re-
poussa point. Angoissé par tant d'incurables dé-
tresses, il conçut une œuvre immense dont il sut faire
une magnifique réalité. Confiant dans sa mission, se
sachant inspiré de Dieu, le pasteur de la Force, plaida
éloquemment la. cause de ceux auxquels il avait
joyeusement consacré sa propre vie. Sa parole ardente et enthousiaste sut galvaniser ses auditoires,
toucher les cœurs, délier les bourses. En possession
de l'argent indispensable, il se mit au travail, aidé de
ses paroissiens : neuf asiles furent construits en quelques années, refuge et providence des épaves humaines que la société dédaigne et rejette sans pitié.
« *Bethséda* », « *Siloé* », « *Eben Hezer* » (jusqu'ici
l'Eternel m'a secouru), la « *Miséricorde* » et la
« *Compassion* » abritèrent épileptiques, invalides, gâ-
teux, incurables des deux sexes qui, entourés de sollicitude et de soins constants, purent attendre, sans
trop de souffrances, l'heure de la délivrance et du repos. Deux orphelinats furent édifiés pour les enfants
normaux : la « *Retraite* » et le « *Repos* » accueillirent
les servantes et les institutrices fatiguées et âgées.

Avec les asiles John Bost qui en sont l'expression
la plus parfaite, s'épanouit et s'achève, jailli du
« Réveil », un élan charitable aux répercussions loin-
taines et au vaste rayonnement.

LE LIBÉRALISME RELIGIEUX. — L'INFLUENCE DE VINET

A peine le piétisme commence-t-il à décliner que
déjà se lève sur l'Eglise Protestante un souffle
libérateur : les Samuel Vincent, les Coquerel, les

Auguste Sabatier renouvellent et modernisent l'enseignement de la théologie et appliquent à l'étude des textes bibliques les données les plus récentes de la critique historique. Le Synode général, malgré l'opposition d'une minorité importante, se décide à voter en 1872 une « Déclaration de Foi » : cette déclaration omet délibérément un certain nombre de dogmes calvinistes et ne conserve que les principes fondamentaux de l'autorité souveraine des Ecritures, et du salut par la foi en Jésus-Christ. Bien que réduite et condensée, elle demeure facultative pour les laïques et, comment en serait-il autrement puisqu'elle ne prétend, ni à l'infaillibité ni à l'immutabilité et que ceux qui l'élaborèrent ne s'attribuent aucun pouvoir divin? Toutes les inspirations humaines sont revisables et objets de discussion, et Calvin s'écartait de la vraie tradition réformée lorsqu'il violait le droit imprescriptible de tout homme au libre examen, en conférant aux articles de foi un caractère impératif et obligatoire. Ainsi, sans se renier, l'Eglise (1) a-t-elle pu rejeter certaines croyances surannées et se réformer elle-même. Quelles que soient, théoriquement, les divergences de ses fidèles, sur le terrain de la vie morale, de l'espérance spirituelle et de l'action solidaire, ils se rejoignent et se comprennent toujours. La foi, dira Harnack, est essentiellement un phénomène subjectif et, dans ce domaine, le chrétien ne saurait être qu'un individualiste impénitent. « Il est enseigné de Dieu immédiatement, personne ne domine sur sa foi, il la puise lui-même dans la parole de Dieu et par l'interprétation de cette parole, il ne relève que du Saint-Esprit. » (1)

Seuls les faits historiques, objets de la science, doivent être admis objectivement et ne peuvent être soumis par le profane aux caprices des interprétations personnelles.

____

(1) Les Eglises Protestantes.
(1) Vinet. *Moniteur religieux*, T. III, p. 668.

Taine montre excellemment comment la méthode du libre examen permet à la religion de s'évader des formules périmées et désuètes sous lesquelles elle risquerait de se momifier, de suivre la civilisation dans ses progrès, et d'être en état de perpétuel devenir.

« L'Ecriture est un texte que chaque lecteur lit avec des yeux qui ont aujourd'hui la sensibilité et les lumières du xix° siècle, en sorte que selon les époques et les groupes, l'interprétation peut être différente et variera sur le texte et sur le sens du texte... L'autorité appartient tout entière à l'individu. » (1)

Tandis que le courant rationaliste s'employait à trouver une synthèse de la religion et de la science, Alexandre Vinet, critique littéraire et penseur chrétien, insistait sur la valeur du témoignage intérieur et exposait à ses lecteurs le synchronisme qui existe entre les besoins du cœur humain et les certitudes que l'Evangile lui apporte. Savant et humble à la fois, le philosophe vaudois dont Sainte-Beuve sut apprécier la pénétrante intuition, voulut réapprendre à ses coreligionnaires le langage de l'amour fraternel. Par ses livres, sa correspondance, ses articles dans « Le Semeur », il atteignit des milliers d'âmes, avides de spiritualité et sa personnalité marqua plus d'une vie d'une ineffaçable empreinte. « Le voir », écrira Scheurer, « c'était déjà une lumière et un appel, l'avoir connu est une bénédiction dont on doit reconnaissance à Dieu. »

Individualiste convaincu, Vinet le sera toute sa vie, parce qu'il place l'âme humaine, sa déchéance ou sa perfection au-dessus de toutes les considérations générales. Elle seule compte, car parmi toutes les choses qui passent et meurent, elle est seule à demeurer. « Aussi longtemps que l'individu attend un jugement au delà de ce monde, il est plus grand que la société qui n'en attend pas, il ne peut admettre d'éga-

---

(1) *Origines de la France contemporaine, régime moderne,* **T. II.**

lité entre lui-même qui *est* un être et la société qui n'est *pas* un être, mais un arrangement d'êtres. » Pour Vinet, le protestantisme qui est « le principe de liberté et d'individualité appliqué aux choses religieuses » (1) est un point de départ ; la Réforme n'a pas allégé définitivement le christianisme ecclésiastique des scories qui l'alourdissaient, elle a seulement ouvert la voie ; « la réformation est en permanence dans l'Eglise et c'est une chose qui se refera perpétuellement ».

Si personnelle que soit cette fin, elle n'exclut pas les œuvres. Le mysticisme est la source de la charité qui lui donne en retour un regain de vitalité et de ferveur. Le christianisme ne vise pas à faire des surhommes, ni à favoriser l'ascension de quelques Zarathoustras, contemplant la foule médiocre du haut de leur splendide isolement, il s'adresse à chaque homme en particulier et voit en lui des germes de grandeur et d'élévation. Lorsque les caractères pourront donner toute leur mesure, et qu'ils ne seront plus entravés par d'insurmontables obstacles matériels, la société sera la première à bénéficier de l'épanouissement des personnalités, dont elle n'est qu'un agrégat. Déjà s'ébauche la thèse du salut social, que les chrétiens sociaux compléteront. « C'est dans l'intérêt de la société que je plaide pour l'individualité » précise Vinet, « je veux l'homme complet, spontané, individuel, pour qu'il se soumette en homme à l'intérêt général ; je le veux maître de lui, pour qu'il soit le serviteur de tous ». En dernier ressort, l'exaltation de l'individu aboutit à l'exaltation de la solidarité. La transformation économique est déterminée et précédée par la régénération morale : vouloir instaurer par la force un régime de fraternité et de justice, c'est faire preuve d'une piètre psychologie, la contrainte n'obligera jamais l'intérêt égoïste et personnel à abdiquer ses droits.

____

(1) *Narrateur*, T. III : p. 668.

Insensiblement, et tout en repoussant le socialisme égalitaire, Vinet en arrive à la libre association qui respecte les autonomies. « Le protestantisme n'aura jamais une forme convenable à son principe, une forme vraie, que quand il réalisera l'idée d'association, et cette idée ne sera réalisée que sous les auspices de la liberté, c'est-à-dire autant que les individualités qui ne se conviennent pas, ne seront pas forcément réunies et que celles qui se conviennent auront pu se réunir. » (1) L'associationisme, émanation de l'initiative privée, qui sauvegarde les libertés individuelles, tel est également le principe sur lequel s'édifiera le coopératisme protestant.

____

(1) Vinet : *Narrateur*, T. II, p. 272.

CHAPITRE III

*Les Théories sociales. — La Déclaration des Droits
de l'homme. — Le Protestantisme et les doctrines
économiques : le libéralisme, le collectivisme,
l'école de la solidarité.*

A son apogée sous l'Empire, le libéralisme économique, à la fin du siècle, voit son influence baisser de
jour en jour. Les lois de Ricardo et de Malthus ne
paraissent plus, aux yeux de tous, immuables et
fatales. Si la doctrine du laissez-faire domine encore
dans l'enseignement officiel avec les Leroy-Beaulieu,
les Frédéric Passy, les Yves Guyot qui célèbrent la
« morale de la concurrence », de fortes réactions se
manifestent déjà dans tous les milieux contre une
école qui, faisant abstraction de la valeur humaine,
ne voit dans l'individu qu'un instrument de production, un facteur nécessaire à l'enrichissement collectif. Vainement, devant le démenti des faits, Bastiat
tentera de démontrer que le libre jeu des forces économiques rend harmoniques les intérêts des employeurs et des salariés; son optimisme irréductible
demeurera sans écho. Sous la pression des circonstances, l'économie orthodoxe tend d'ailleurs à s'humaniser; elle atténue quelque peu son intransigeance
première, elle tient compte plus volontiers des exigences morales et consent parfois à ne plus s'isoler
dans la tour d'ivoire de ses abstraites déductions.

Avec Le Play les adeptes de la « Réforme Sociale » introduisent dans le libéralisme un élément éthique dont leurs enquêtes et leurs monographies s'inspireront; fermement opposés à toute ingérence gouvernementale, ils accordent leurs encouragements à l'initiative privée et au patronat social. Quelques-uns d'entre eux admettront le principe d'une législation protectrice, mais, dans cette voie, les démocrates chrétiens ne tarderont pas à les distancer. Vers 1880, le paternalisme, si fécond à son heure en résultats heureux, est repoussé par les ouvriers, comme une mesure conservatrice qui retarde leur émancipation.

Des industriels philanthropes et désintéressés, émules de Jean Dollfus et de Daniel Legrand préconisent eux aussi les sanctions légales qui assureront aux prolétaires une protection efficace, mais, dans son ensemble, la haute bourgeoisie se rattache à l'école de Manchester et loue un système auquel elle doit sa prééminence et sur lequel s'appuie la féodalité industrielle qui constitue sa force.

Toute autre est l'attitude des classes laborieuses. Réduites à un état de vasselage et de quasi-servitude, elles ne voient plus dans le dogme de la liberté qu'une formule creuse et sonore. En supprimant les petits ateliers, les progrès techniques ont entraîné la concentration des capitaux et des entreprises; l'accroissement de la production, et l'excessive spécialisation du travail ont intensifié l'âpreté de la concurrence sur le marché de l'offre et de la demande. Le travailleur possède, il est vrai, le droit de coalition qui lui a été si longtemps refusé, il signe de son plein gré tout contrat de travail, mais la nécessité du pain quotidien l'oblige à se soumettre aux conditions qui lui sont proposées, aussi cette latitude est-elle bien précaire; il sera en droit de répéter avec Louis Blanc, que « le laissez passer des économistes, c'est en réalité le laissez-mourir ».

Les œuvres patronales éveillent sa méfiance, les

libéralités qu'on lui offre se heurtent à sa susceptibilité; les avantages en nature sont appréciables, mais il préfère toucher son salaire intégralement et en disposer à sa guise. Ayant acquis la majorité politique, il regimbe contre une bienfaisance tutélaire qu'il ne contrôle pas et dont rien ne lui garantit la pérennité. Affilié à certaines caisses de secours ou de retraites, il renonce en quittant l'usine aux droits qu'elles lui confèrent et se trouve ainsi atteint dans sa dignité et dans son indépendance. Il n'admet que les institutions qu'il a contribué à organiser et à la gestion desquelles il participe. Aussi la classe ouvrière se tourne-t-elle avec espoir vers l'Etat qui s'avance prudemment dans le domaine de la législation sociale.

L'interventionnisme est à l'ordre du jour : chaque parti l'incorpore à son programme et l'adapte à sa nuance politique. Le matérialisme historique, laissant loin derrière lui le Socialisme utopique de 1848, préconise avec Guesde et Jaurès le collectivisme absolu et la socialisation des moyens de production, conquis au préalable de haute lutte par le prolétariat triomphant; les militants devront faire usage de tous les moyens légaux ou révolutionnaires pour hâter ce dénouement inévitable. Plus modéré dans ces revendication, le Socialisme réformiste redoute les transformations brusques et violentes, incompatibles avec l'évolution nécessaire, il considère les réformes législatives comme des étapes utiles vers une organisation rationnelle de la société, sous l'égide et le contrôle de l'Etat.

D'autres doctrines, moins radicales dans leurs prétentions, n'érigeront pas l'étatisme en panacée universelle, elles se borneront, tout en maintenant la propriété et l'héritage, à réclamer du gouvernement une réglementation équitable du travail. De ce nombre seront les démocrates chrétiens; stimulés par « l'Encyclique Rerum Novarum », ils intercéderont en faveur des ouvriers dont ils veulent améliorer la

condition et élever le niveau moral au moyen d'une
force syndicale christianisée. S'inquiétant de tant de
hardiesse, hostiles à ce socialisme édulcoré, les dirigeants de la « Réforme sociale » entraveront leur
essor et provoqueront le décret pontifical qui les condamne. Le « Sillon », qui préconise une étroite collaboration entre patrons et salariés et qui prévoit la
participation des ouvriers à la direction et au contrôle des entreprises, est frappé à son tour et dispa-
raît en 1910.

Convaincue du mérite des sociétés coopératives
librement constituées, l'Ecole de Nîmes admet néanmoins, dans l'attente d'une société réorganisée, l'urgence des lois sociales. Enfin, vulgarisé par des philosophes, des moralistes et des politiciens, le Solidarisme transpose sur le plan social les liens biologi-
ques qui unissent les hommes et met en relief l'idée
des obligations contractées par chaque génération à
l'égard des générations qui lui succèdent.

Quelle a été devant ces diverses écoles l'attitude
des protestants français? De quelle manière ont-ils
réagi ? Ont-ils dégagé une doctrine originale,
existe-t-il dans leurs vues une certaine unité? C'est
ce que nous nous efforcerons maintenant de déterminer.

LE PROTESTANTISME ET LES DOCTRINES ÉCONOMIQUES

Les historiens ont souvent insisté sur le caractère
démocratique du protestantisme qui aurait, en
secouant le joug de l'Eglise et de la Papauté, préludé
aux événements de la Révolution Française. Réper-
cuté et amplifié, le principe de la liberté religieuse
appellerait celui de la liberté politique, l'effondrement de la hiérarchie ecclésiastique entraînerait le
bouleversement de l'ordre social. De fait, la constitu-

tion de l'Eglise Réformée telle que l'a établie le Synode de 1559, présente de grandes analogies avec notre système électoral d'aujourd'hui. Tous les corps y sont électifs; laïques et pasteurs y sont nommés au même titre; un parallèle peut être établi entre le Consistoire et le Conseil municipal, le Colloque et le Conseil d'arrondissement, le Synode Provincial et le Conseil général; le Parlement actuel étant l'équivalent du Synode Général.

Dans la République de Genève, l'autorité appartient aux magistrats; inspirés de Dieu et désignés par le peuple, ils pourront seuls résister à l'oppression : Jurieu, Théodore de Bèze, le juriste Hotman leur reconnaissent le droit de fomenter l'insurrection contre les excès et les abus d'un gouvernement tyrannique qui violerait les droits naturels des citoyens. Démocrate en politique, Calvin est franchement sectaire dès qu'il s'agit de « l'honneur de Dieu »; cependant, même de son temps, la liberté trouvera d'ardents apologistes pour la défendre. Castellion veut « qu'il soit loysible à chacun d'adorer Dieu suivant la Foy, non d'autruy, mais la sienne »; en Amérique, le pasteur Williams fondera la ville de Providence où tous les cultes seront tolérés. Deux siècles plus tard, Rabaut-Saint-Etienne, fils de martyrs huguenots, lui consacrera, à la tribune de la Constituante, un admirable plaidoyer : « La liberté », s'écriera-t-il, « doit appartenir à tous les Français, et de la même manière. Tous y ont droit où personne ne l'a; celui qui veut en priver les autres n'en est pas digne; celui qui la distribue inégalement ne la connaît pas, celui qui attaque en quoi que ce soit la liberté des autres, attaque la sienne propre et mérite de la perdre à son tour, indigne d'un présent dont il ne connaît pas le prix. » Redoutant les sanctions et les représailles, les philosophes confient aux imprimeurs protestants leurs œuvres réputées subversives. « Le Discours de la Méthode » paraît en Hollande et c'est à Genève que fut publié « L'Esprit des Lois ».

La question des origines de la « Déclaration des Droits de l'Homme » a donné lieu à de nombreuses controverses : qu'on lui attribue avec M. Jellinek une origine purement américaine ou, qu'avec M. Doumergue, on la fasse dériver du Calvinisme par trois courants : français avec la doctrine du droit naturel, anglais, avec la doctrine de Locke, américain avec les Bill des Rights, il faut bien reconnaître que l'indépendance religieuse est née de la Réforme et qu'elle a exercé une influence certaine sur la notion de liberté civile, telle qu'elle se trouve énoncée dans les déclarations de droits des états de Virginie et de Massachussets, antérieurs à la Révolution et largement répandus en France par La Fayette et Franklin.

Après s'être volontairement soumis pendant 7 ans à un régime communiste, les Puritains de la Nouvelle-Angleterre organisèrent leur première colonie sur une base démocratique. La religion imprégnant la vie politique et sociale, les deux égalités, civile et religieuse, étaient nécessairement connexes. Les Huguenots réfugiés auprès d'eux, participèrent à la rédaction des droits; sur les cinq signataires du traité qui consacre l'indépendance des Etats-Unis, ne relève-t-on pas deux noms français?

Les protestants, en France, accueillirent avec enthousiasme la Révolution qui les délivrait d'une longue oppression. Depuis lors, leur attitude politique orientée dans l'ensemble vers la gauche, a été essentiellement variable. N'ayant de directives à recevoir de personne, ils se dirigent vers tel ou tel groupement selon leurs inclinations et leurs aspirations personnelles. Résolument individualistes, ne visant à aucune suprématie, ils se plient malaisément aux disciplines des partis. Aussi n'ont-ils aucune doctrine qui leur soit propre et se contentent-ils, sans souci d'unité, d'accorder leur sympathie ou leur adhésion aux associations et aux ligues de leur choix.

Puisqu'ils croient à la souveraineté des Ecritures, pourquoi, dira-t-on, n'y puisent-ils pas une ligne de conduite et des indications précises sur la façon de se comporter ? Si le sens religieux de l'enseignement du Christ donne lieu à des contestations, combien plus épineux encore est sa prédication sociale ! Il n'a formulé aucun système de production ou de répartition des richesses et, l'eût-il fait, les conditions modernes sont si peu en rapport avec celles qui existaient dans l'ancienne Palestine que l'accommodation de ses idées à la situation actuelle serait hérissée d'insurmontables difficultés. En analysant les textes évangéliques, des chrétiens également probes et sincères aboutissent à des conclusions opposées ou contradictoires. Tel verset semble prôner l'autorité et le césarisme et recommander la soumission aux pouvoirs constitués (1), tel autre condamne la richesse et la considère comme un obstacle à l'acquisition des biens spirituels. Lequel choisir ? D'aucuns invoquent le communisme de l'Eglise primitive, mais on leur objecte aussitôt que l'idéal de sainteté et d'humilité des premiers chrétiens est contraire aux sentiments de révolte et de haine du collectivisme marxiste. Les plus clairvoyants reconnaissent que les communautés apostoliques se détournaient des contingences terrestres dans l'attente extasiée du Royaume.

Il est pourtant un point sur lequel l'entente est certaine ; les protestants sont unanimes à reconnaître la valeur infinie de la personnalité, l'égalité de tous les hommes au regard de Dieu ; aussi s'insurgent-ils contre les régimes de contrainte et contre les dictatures des partis extrêmes, qui sacrifient l'individu, au mythe qu'ils érigent en dogme.

---

(1) Matt. 22 : 15 — Ephés. 6 : 5 — Coloss 3 : 22.

A. *Le Protestantisme*
et l'Economie politique orthodoxe

On a souvent attribué à l'esprit d'entreprise et au capitalisme moderne, des origines calvinistes. On absout Luther, qui, demeuré fidèle aux règles thomistes s'indigne avec véhémence de ce qu'en une année « cent florins peuvent en rapporter vingt, que dis-je, cent et cela non grâce aux produits de la terre ou à ceux du bétail, où le gain ne dépend pas de l'homme, mais de la bénédiction de Dieu » et ajoute : « que c'est une invention du diable. » Mais on rappelle que Calvin, au contraire, a réhabilité et justifié le prêt à intérêt en déclarant que l'argent doit être productif, et qu'il a fait abolir les lois contre l'usure : autant d'encouragements au développement industriel et commercial et à l'épargne, qui est l'aliment indispensable à la formation des nouveaux capitaux et à l'entretien de ceux qui existent déjà. Un économiste de grand talent, M. Werner Sombart, réfute cette thèse et rattache à l'influence et à l'inspiration juive l'avènement des grandes entreprises du xixe siècle. Etudiant plus spécialement la branche anglo-saxonne du Calvinisme, il démontre que l'éthique protestante est opposée à la recherche du succès et à la poursuite des biens terrestres. La doctrine puritaine est formelle : elle recommande la simplicité, la pondération, l'économie, l'emploi des moyens honnêtes ; elle endigue les passions et le goût des plaisirs ; réfrénant les dépenses, elle accroît la puissance d'épargne de ceux qui se soumettent à sa loi. « C'est en poursuivant l'esprit d'économie jusqu'à la mesquinerie » écrit M. Sombart, « que le monde puritain et quaker a rendu le plus grand service au capitalisme pour autant qu'il se confond avec l'esprit bourgeois ».

Un des écrivains les plus représentatifs du puritanisme, Baxter, est proche de saint Thomas d'Aquin et de la théorie du juste prix lorsqu'il stipule dans son « Directory » que « ceux qui pensent que la marchandise vaut le maximum de ce que quelqu'un offre, partent d'un principe faux ». Quant au quaker Woolman, socialiste avant la lettre, il proteste contre l'esclavage, propose le morcellement des grandes propriétés, défend les ouvriers et réclame pour eux la journée de 8 heures. « ... Quand nos besoins sont tels ». dit-il « qu'ils exigent pour être satisfaits un labeur ou une applicsation aux affaires trop grands pour rester en harmonie avec le pur amour, nous violons les décrets des pauvres en tant qu'habitants d'un monde dont un Dieu bon et miséricordieux est le propriétaire, tandis que nous ne sommes que ses fermiers ».

De par son caractère individualiste, le protestantisme devrait, semble-t-il, être en harmonie avec l'école de la liberté économique et, il faut reconnaître qu'à partir du premier Empire, il a fait alliance en France avec la bourgeoisie libérale et qu'il a pu être considéré comme un des fermes soutiens de l'économisme orthodoxe. Plusieurs de ses représentants occupent de hautes situations dans le monde de l'industrie et de la finance, et sont peu enclins à honnir un régide auquel ils doivent leur suprématie. Cependant, les exemples de quelques pionniers sont dans toutes les mémoires; les plus timides s'en tiennent aux institutions patronales des précurseurs alsaciens, tandis que des hommes jeunes et désintéressés demandent un mot d'ordre aux groupements d'avant garde. Le Saint-Simonisme a fait des adeptes dans les rangs réformés, le socialisme naissant y trouvera aussi des recrues.

Bientôt les consciences s'éveillent et mesurent toute l'injustice d'un système qui sélectionne artificiellement les plus forts et les plus aptes au détriment des humbles et des faibles et qui, faisant abstraction de toute considération humanitaire, ne retient que le seul mobile de l'intérêt personnel. La concurrence, âme du commerce, est un merveilleux stimulant, elle tend, en perfectionnant l'outillage, à multiplier le rendement et le profit, mais, au nom de la morale, ne doit-on pas lui assigner des limites, et ne se limite-t-elle pas elle-même au moyen des cartels et des trusts? Le libéralisme économique ne fait qu'accentuer l'antagonisme entre le capital et le travail; la liberté qu'il préconise n'est qu'un leurre, elle tolère l'écrasement des petits et, pour employer une expression du pasteur Comte », elle permet la luxure, l'explosion sans contrôle de tous les appétits de bête humaine démuselée, et partout l'exploitation de l'homme par l'homme ». C'est dire que, dans ses applications pratiques, une pareille doctrine est difficilement compatible avec les préceptes évangéliques; c'est à cette conclusion que se rangera l'élite pensante du protestantisme après s'être conformée aux sages avis du Professeur de Laveleye. « Il faut étudier les questions sociales en ayant à côté de soi, d'une part, les livres des économistes Smith et Stuart Mill, et de l'autre, l'Evangile. Et si parfois, il semble y avoir opposition, suivez la voie tracée par l'Ecriture : le Christianisme bien compris contient en lui la solution de toutes les difficultés. » (1)

Le Protestantisme et le Socialisme marxiste

A l'aube du xxe siècle, le socialisme idéaliste des Saint Simon, des Owen, et des Fourrier, a vécu : ces utopies généreuses ont infusé dans les milieux bourgeois un sens social nouveau, un sincère désir de fraternité et de coopération avec les classes ouvrières; les esprits sont préparés à accueillir les augures de Karl Marx.

Introduit en France par Guesde et Lafargue, le

______

(1) E. de Laveleye : Lettre au Président de l'Association Protestante pour l'étude des questions sociales : 1891.

collectivisme marxiste, qui se défend de toute idéologie, et prétend s'entourer de garanties scientifiques, serait-il plus conforme aux aspirations chrétiennes que le libéralisme tant décrié? Dans l'une et l'autre doctrine, la vie économique se trouve régie par de fatales et inéluctables lois : pour l'Ecole de Manchester c'est la loi de la concurrence, pour le matérialisme historique, c'est l'évolution nécessaire vers la concentration des entreprises et la prolétarisation des masses. De part et d'autre, déterminisme devant lequel le croyant est désemparé, de part et d'autre, liberté restreinte, car, si la loi d'airain rend celle-ci fallacieuse, l'expropriation forcée la rend plus précaire encore. Le Marxisme a eu le mérite de mettre en lumière le fait que chacun n'est pas rétribué au prorata de son travail, et, si la théorie de la plus-value et du sur-travail est abandonnée aujourd'hui même par ses partisans, elle a du moins contribué en son temps à inculquer au travailleur la conscience de sa valeur et de ses droits.

Bien que la nationalisation intégrale du commerce, de l'industrie et de l'agriculture soit un des principes fondamentaux du Collectivisme, les dirigeants en France du Socialisme révolutionnaire affirment que la liberté individuelle sera respectée et que la propriété ne sera pas totalement abolie : seuls seraient socialisés, les instruments de production tels que le sol, les mines, les usines et leurs aménagements ; chacun aurait le droit de posséder en propre le produit de son labeur. Allant même plus loin dans leur opportunisme et leur souci de donner des apaisements aux petits possédants et à la classe paysanne, les néomarxistes ne retiennent que l'expropriation des grandes entreprises, de celles qui ne sont pas directement exploitées par leurs propriétaires et qui revêtent la forme de sociétés anonymes ou de consortium. Ces assurances et ces ater-

moiements ne parviennent pas à calmer les scrupules
des chrétiens évangéliques qui s'inquiètent d'un
régime qui réduirait à néant les responsabilités
personnelles, en jugulant toute initiative. Comment au demeurant, adhéreraient-ils à une école
qui ,non contente de prêcher un matérialisme amoral,
manifeste volontiers des tendances antireligieuses?
Ils ne peuvent sanctionner les agissements d'un
parti qui fait appel à la violence et à la force brutale,
se glorifiant de hâter l'éclosion d'une révolution libé-
ratrice au moyen de la lutte des classes et d'une haine
savamment entretenue ; l'espérance d'un communisme idyllique ne saurait justifier l'effusion de sang,
et les gestes fratricides.

Pour ce qui est du Bolchevisme, ils le condamnent
sans rémission ; cette tyrannie sanglante, ce terro-
risme érigé en forme de gouvernement, blessent jusque dans ses fibres les plus intimes l'idéal de liberté
et de tolérance dont leur foi est imprégnée. Ceux des
protestants qui se déclarent socialistes se réclament
plutôt du Collectivisme réformiste des Malon, des
Fournière ou des Georges Renard qui réprouve l'action directe, défend les méthodes évolutives et légales,
et veut avec Jaurès, réintégrer dans le socialisme les
facteurs idéalistes et moraux dont le Marxisme
l'avait dépouillé. En philosophes avisés, ils tiennent
compte des phénomènes psychologiques qui condi-
tionnent le progrès social. « La fin suprême du socialisme », écrira Renard, « c'est l'affranchissement de
l'individu ». N'est-ce pas vers un même but que ten-
dent les chrétiens ?

C'est donc vers un interventionnisme modéré et pacifique qui réserve à l'initiative privée un vaste
champ d'action, que se tournent la majorité des réformés français, ils se rangent sous la bannière du
Solidarisme, et souhaitent avec M. Gide, l'avènement
d'une république coopérative.

Les Protestants et l'École de la Solidarité

L'idée de la solidarité n'est pas une idée nouvelle, et, si Pierre Leroux semble avoir été le premier à employer le mot, la notion de lois imprescriptibles reliant les générations les unes aux autres, remonte aux théogonies les plus anciennes : le symbole antique du flambeau, le dogme du péché originel et de la chute, en offrent des illustrations frappantes.

Les progrès de la biologie et la diffusion des théories darwiniennes, rendirent plus tangibles les réactions et les répercussions qui se manifestent aussi bien entre les cellules d'un même organisme qu'entre les membres d'une même société. L'école historique fit dériver les lois sociales des lois naturelles, et les sociologues appliquèrent aux sciences économiques les méthodes expérimentales. Avec M. Durkheim, la société devient une entité vivante dotée de phénomènes d'interdépendance analogues à ceux que révèle le fonctionnement du corps humain. A mesure que l'on s'élève dans l'échelle biologique la solidarité mécanique s'atténue ; dans les sociétés évoluées constituées par les différentiations et les dissemblances qu'implique la division du travail, elle devient consciente, et prend la valeur d'une idée-force. Elle modère alors les effets souvent nuisibles de cette solidarité de fait, dont les sélections favorisent la race et ignorent l'individu.

On tend de tous côtés à redonner aux notions de fraternité et de devoir un cachet d'actualité. Auguste Comte échafaude sur elles son système positiviste, l'école kantienne subordonne les lois économiques à la morale ; la philosophie idéaliste d'un Fichte pose la question sociale, cependant que Renouvier et Secrétan veulent concilier les attributs inaliénables de la personnalité avec les obligations qu'impose la vie collective. Le romancier du culte du moi lui-même, avouera la faiblesse de l'homme isolé « Je multiplie », dira-t-il « mes faibles puissances par des puissances collectives, je reconnais que le moi individuel est supporté et alimenté par la société ».

Des écoles nombreuses et divergentes se réclamèrent de la Solidarité : les catholiques sociaux, les socialistes, etc... les communistes eux-mêmes l'incorporèrent à leur programme, à telle enseigne qu'on put se demander si un terme revendiqué par des partis si contraires n'était pas vide de sens ; on craignit même, qu'adopté par une démagogie peu scrupuleuse il ne devint un article de surenchère électorale. D'ailleurs sa signification demeurait vague et incertaine, et il importait de systématiser ces tendances éparses. A mi-chemin entre le libéralisme décadent et le socialisme en plein essor, l'école nouvelle s'en chargea. En 1889, M. Gide la baptisa du nom de « Solidarisme » et M. Bourgeois lui chercha avec succès un fondement juridique. Clôturant une série de conférences aux « Hautes Etudes Sociales » M. Boutroux la caractérise ainsi : « expression vraie et précise des rapports qui lient les hommes entre eux, elle fournissait aux idées de justice, de droit, de devoir, de bienfaisance, de liberté, le contenu réel et le fondement solide que des spéculations trop abstraites auraient été impuissantes à leur assigner. Autour de l'idée de solidarité se groupèrent donc les principales notions de la morale et de la politique et un système se forma qui, de l'idée qui en était le centre, s'appela : le Solidarisme » (1).

La société, dont les hommes font partie malgré eux, et dès leur naissance, serait constituée en vertu d'un quasi-contrat auquel ses membres adhèrent rétroactivement : cette adhésion comportant des obligations dont la non-exécution devra être sanctionnée. Chaque être humain bénéficie de toutes les richesses accumulées par les générations antérieures ; profitant de ces

---

(1) *Essai d'une philosophie de la solidarité*, p. 276.

avantages il doit supporter les charges qui en découlent, et transmettre à ses descendants, l'héritage qui lui est dévolu. Mais l'inégalité des conditions sociales qui met en présence les privilégiés et les déshérités de ce monde, détermine aussi l'inégalité des devoirs. Chacun se trouvera être créancier ou débiteur, proportionnellement à la part du capital collectif qui lui est revenu en partage. L'équilibre ne sera rétabli, les préjudices immérités ne seront compensés dans le sens de la justice, que lorsque chacun aura acquitté sa dette sociale, car il faut — selon la formule de M. Bourgeois — « reconnaître les efforts et les prélèvements de chacun, faire le compte de son droit et de son avoir, afin de dégager le règlement de son droit et de son devoir ».

D'après quel critérium les créances seront-elles évaluées ? Les théoriciens du quasi-contrat n'ont pas su trouver une réponse satisfaisante : les solutions qu'ils proposent sont approximatives et incomplètes. Respectueux à la fois des droits individuels et des intérêts collectifs, ils tracent un plan de réformes qui ne circonscrirait la liberté que pour mieux la garantir. Une législation protectrice véritablement efficace, la gratuité de l'enseignement à tous les degrés, la progression de l'impôt sur les successions et sur le revenu, l'organisation méthodique de l'assistance et de la prévoyance, enfin les assurances obligatoires, telles sont les mesures qui leur paraissent propres à amortir la dette, dont les contractants mal départagés peuvent exiger le paiement. L'association libre sous ses différentes modalités : mutualiste, syndicaliste et coopérative, sera encouragée comme étant éminemment favorable à l'épanouissement du principe solidariste. Le contrat semi-obligatoire serait remplacé par une « association consentie mutuelle et solidaire (1) »; celle-ci aurait pour objet « d'assurer

---

(1) Bourgeois : *Philosophie de la Solidarité*, p. 36.

à tous aussi équitablement que possible les avantages résultant du fonds commun », et de garantir chacun contre des risques répartis sur l'ensemble de la communauté.

Les chrétiens, qui reprochent à l'économie orthodoxe et au matérialisme collectiviste leur manque d'idéal, et leur indifférence à l'égard de la liberté individuelle, ne tiendront-ils pas en plus grande estime un mouvement qui accorde aux préoccupations morales une prééminence incontestée, qui oppose la coopération à la lutte et s'efforce de réconcilier les classes au lieu de les désunir ?

L'éloquence entraînante de M. Gide et l'influence de deux philosophes, protestants de conviction ou de naissance, contribueront puissamment à faire pénétrer dans les milieux réformés une notion qui jette une clarté nouvelle sur la signification et l'importance du devoir social. « Tandis que l'unité de l'espèce », observe Secrétan, « se révèle en nous par la charité qui brise les barrières individuelles, elle s'atteste autour de nous par la Solidarité dont nous subissons constamment l'étreinte. »

Charles Renouvier fut un des premiers penseurs à incorporer le solidarisme dans sa « Science de la Morale », et à donner un contenu social à la philosophie individualiste. Dans la marche de l'humanité vers le progrès, il compte, au premier chef, sur l'effort volontaire et conscient, mais il exige que la possibilité de libération spirituelle cesse d'être l'apanage d'une oligarchie, et qu'elle devienne accessible à tous. Loin d'abolir la propriété, il veut, au contraire, l'étendre à tous les hommes : il espère, momentanément, pallier les inégalités au moyen de l'impôt progressif, du mutuellisme, et d'un fonds social équitablement réparti. En transgressant sans cesse la loi de justice, les hommes maintiennent la société dans un état de guerre latente : à cette violation, est imputable une part considérable des maux dont nous sommes affligés. Sachons réfréner nos passions, et régler nos instincts, conclut Renouvier, apprenons aussi à témoigner à notre prochain le respect auquel il a droit, et, pour le surplus, accordons nos préférences aux associations librement constituées, tout en admettant dans certains cas de réparation ou de surveillance, la légitimité d'une intervention gouvernementale.

Alors que Renouvier subordonne la morale à la justice, Secrétan lui donne pour fondement l'amour, c'est-à-dire dans l'acception la plus noble du mot : la charité. « Il n'y a pas de justice sans amour », écrit-il à Renouvier, « il n'y a pas non plus d'amour vrai sans justice... Celui que j'aime, je le veux, je le veux homme, et par conséquent, je le respecte, je ne m'arrête pas devant lui comme devant une barrière à mon égoïsme. »

Chez Secrétan, l'économiste scrupuleux s'allie au croyant sincère ; il tendra constamment vers un accord entre les vérités que sa raison lui inculque et les solutions que lui dictent sa conscience et sa foi. Tâchons de scruter la pensée de l'écrivain vaudois, qui a exercé une action profonde et durable sur plusieurs générations de chrétiens sociaux, et dont les directives sociales n'ont pas été étrangères à la fondation de l'Ecole Nîmoise.

D'un point de vue objectif, faisant table rase de ses idées préconçues, l'auteur de « Civilisation et Croyance » aborde l'étude des problèmes économiques ; il n'élude ni les difficultés, ni les contradictions, et, lorsqu'il ne parvient pas à les dénouer ou à les éclaircir, il avoue avec franchise son impuissance. Guidé par ses connaissances et par sa sensibilité, il analyse méthodiquement les arguments qui s'opposent, et ses jugements, même lorsqu'ils sont erronés, sont toujours marqués au coins du bon sens. Sa critique incisive et ferme reconnaît que la reconstruction est ardue, aussi se borne-t-il à suggérer des réformes, sans prétendre édifier une doctrine inédite ou dé-

finitive. Il démontre l'aveuglement des socialistes qui ignorent sciemment le ressort tout puissant de l'intérêt personnel et qui se flattent de supprimer la propriété, l'héritage, et partant, l'épargne, sans porter à la production et à la prospérité collectives, un coup mortel. Mais il stigmatise aussi avec une égale véhémence, la lâcheté et l'optimisme béat des partisans du *statu quo,* que leurre l'illusoire liberté des contrats. « Les économistes feignent que celui qui ne peut tra-
« vailler que dans le chantier d'un autre, avec les
« outils d'un autre, et qui n'a que le prix de sa jour-
« née pour ne pas mourir de faim, est toujours libre
« de refuser les conditions de travail et de paiement
« qui lui sont offertes. Au nom de la liberté, ils refu-
« sent à l'Etat d'intervenir dans ces transactions,
« comme si la liberté du prolétaire était effective, et
« comme si les termes qu'il accepte n'importaient
« qu'à lui seul, et ne pesaient pas sur tous les ou-
« vriers » (1).

Secrétan ne méconnaît pas la fatalité de l'hérédité et les exigences de la solidarité naturelle, mais il pense que, dans son prolongement économique et moral, elle n'exclut pas nécessairement le principe de liberté. « Le travail de chacun est un profit pour tous, la perte de chacun retombe sur tous, nous ne pouvons ni nous élever, ni descendre, sans relever ceux qui nous entourent ou sans les abaisser. Ce qui est liberté chez les pères devient nature chez les enfants. L'idée de la solidarité domine l'Histoire, la repousser, c'est nier l'Histoire. » (2) On revendiquera « le maximum de liberté compatible avec la liberté d'autrui »; cependant, les pouvoirs publics seront parfois appelés à s'occuper des rapports des individus, dans l'intérêt même de cette liberté. Est-ce à dire que l'Etat pourra user à sa guise des moyens coercitifs dont il

____

(1) Secrétan : *Etudes sociales,* p. 300.
(2) *Philosophie de la Liberté,* T. 2.

dispose ? En aucune façon, répond Secrétan. Seule est souhaitable une législation industrielle internationale ; encore cette législation ne devra-t-elle pas, par exemple, sous prétexte de protéger la femme, lui interdire tout travail rémunérateur et restreindre les débouchés trop rares qui s'ouvrent à son activité. Pour ce qui est de l'assurance obligatoire, il se refuse à l'admettre car, d'après lui, elle porte atteinte à l'initiative et à la prévoyance individuelle.

C'est surtout l'amour chrétien qui donne à l'entr'aide fraternelle une impulsion chaude et vivante, c'est lui qui nous incite à « assurer une existence tolérable à qui n'a pas positivement démérité ». Intensifier la production et accroître la masse des richesses, ce sont là des visées parfaitement légitimes, à condition que chacun en retire au moins un minimum d'avantages et que « chacun acquière, dans la mesure du possible, le bien-être et les loisirs nécessaires au développement de ses aptitudes personnelles ». L'épanouissement des personnalités au profit de la communauté, la réalisation des possibilités particulières, le salut collectif, corollaire du salut individuel, autant d'expressions que le Protestantisme Social fera siennes en les appliquant.

Le promoteur de la « Philosophie de la Liberté », insiste sur l'aspect moral de l'économie politique : il blâme vigoureusement un régime qui fait de l'ouvrier un instrument passif et ignorant entre les mains de ceux qui détiennent le capital, un régime qui prive le travailleur des loisirs indispensables à sa santé et à son esprit, et qui le maintient dans un coupable asservissement spirituel. Secrétan réprouve toute expropriation violente qui n'indemniserait pas les propriétaires dépossédés, il opte pour la méthode évolutionniste, plus conforme aux données de la science et qui procède par réformes successives, adaptables aux circonstances et aux époques. On recourra provisoirement aux bons offices de l'assistance publique et privée ; on établira un système judicieux d'impôts ; des lots de terre pourront être temporairement concédés à certains prolétaires, ou leur seront même distribués gratuitement. Pendant une période de transition, la « participation aux bénéfices » pourra donner des résultats appréciables, mais c'est surtout la pratique de la coopération qui donnera aux ouvriers les connaissances commerciales et techniques qui leur font défaut. Lorsqu'ils seront initiés aux complexités de la gestion et de la prévoyance, et assagis par une expérience préalable, les travailleurs seront à même d'organiser la production internationale.

C'est ainsi que dans ses études sociales, Secrétan ouvre la voie au solidarisme coopératif dont M. Gide deviendra le représentant le plus autorisé.

« Dans la vie des individus, comme dans la vie des peuples », écrit le philosophe Rauh, « il y a des mots qu'il faut dire. Ils n'ajoutent rien en apparence à la vie. Ils y ajoutent cependant. Ils ne suffit pas d'agir, d'être. Il est nécessaire qu'une société, un parti, un homme, prennent à certains moments concience de ce qu'ils font, de ce qu'ils sont ; avant qu'ils ne se développent en actions nouvelles, il faut que tout le passé, tout l'avenir, se contractent, s'intègrent en une conscience. » Parvenu à une étape, dans l'histoire des doctrines économiques, M. Gide eut le mérite de donner à l'école nouvelle le vocable qui lui convenait et d'être le premier à esquisser son programme, dans une conférence donnée à Genève en 1889, sous les auspices de la « *Société Chrétienne Suisse d'économie sociale* ». Convaincu de l'excellence de la morale chrétienne, qui ne saurait être surpassée, il ne songe pas à faire du solidarisme, la base d'une morale laïque, ce solidarisme, au contraire, il l'étaie de préceptes évangéliques et le nuance d'un certain mysticisme qui le met à la portée des âmes croyantes. Le christianisme primitif n'a-t-il pas reconnu les liens qui rendent les hommes solidaires, en proclamant le dogme qui les condamne tous du fait d'un seul pécheur et, tous, les réhabilite par les vertus et le sacrifice d'un Seul Juste? (1). La théologie paulinienne ne les admet-elle pas explicitement lorsqu'elle déclare que : « Comme nous avons plusieurs membres dans un seul corps et que tous les membres n'ont pas la même fonction, ainsi nous qui sommes plusieurs, nous formons un seul corps en Christ et nous sommes tous membres les uns des autres. » (2)

A la solidarité organique, il faut inévitablement nous soumettre, car nous tâcherions vainement de nous soustraire à son emprise et d'échapper aux rapports d'interdépendance auxquels les hommes vivant en société sont astreints. Cette acceptation n'a rien de méritoire ; nous avons besoin de nos concitoyens, comme ils ont besoin de nous, et nos gestes bienveillants eux-mêmes sont souvent l'effet d'une prudence raisonnée. Cette collaboration qui nous est imposée par des circonstances extérieures à notre volonté, et à laquelle nous accordons un acquiescement tacite, est dénuée de toute valeur ethique : on doit la subir comme une nécessité, mais non la proposer comme un idéal. En ce qui concerne les charges collectives, telles que : impôts, travaux publics, assurances, que l'Etat fait peser sur ses ressortissants, elles sont, par essence, obligatoires, mais, sous un gouvernement démocratique, elles ne font qu'exprimer la volonté d'une majorité ; les récalcitrants trouveront sans peine une échappatoire en renonçant à leur pays d'origine et en s'expatriant.

Le facteur moral ne fait son apparition que le jour où, toute contrainte ayant disparu, il ne reste plus que « la coopération qui résulte du concours des volontés ». Libéré de ses chaînes, l'homme participe aux côtés de ses semblables à l'accomplissement de la tâche sociale dont il n'est qu'un des humbles et dé-

(1) Ep. aux Romains V : 18.
(2) Romains XII : 4.

voués artisans. Que l'on n'aille pas croire qu'en s'associant à l'œuvre commune, l'être humain diminue sa puissance ou son originalité ; il ne se donne que dans la mesure où il s'appartient, et, par un phénomène d'osmose incessamment renouvelé, il s'enrichit aux dépens du milieu social, mais ce milieu social il le comble en retour de ses dons.

Chaque individu est inclus dans une série de groupements qui s'emboîtent les uns dans les autres : famille, société, patrie, religion, etc., et dont il subit les multiples influences, tandis qu'il est lui-même, par ses paroles et par ses actes, la source d'infinies résonnances dans l'espace et dans le temps. Ce milieu qui agit si fortement, en bien ou en mal, sur lui et sur les siens, il aura à cœur de le transformer en l'améliorant. Le chrétien solidariste va plus loin encore ; talonné par sa responsabilité, il ne jette pas l'anathème sur ceux que la vie a brisés ou avilis, il se frappe la poitrine et s'interroge pour savoir jusqu'à quel point son insouciance et son égoïsme ne l'ont pas rendu complice de ces misères et de ces déchéances.

Dans ses « Conférences de Propagande », M. Gide fera le procès de l'Ecole Libérale ; étudiant la division du travail, l'échange et la concurrence, qui constituent les éléments fondamentaux de l'économisme orthodoxe, il démontrera que ces trois facteurs contrecarrent ou limitent singulièrement le développement de la solidarité. La division du travail, elle, resserre assurément les liens qui mettent les individus dans un état de mutuelle dépendance, mais, involontaire et quasi-inconsciente, cette solidarité est parfaitement amorale : elle tend, d'ailleurs, par une spécialisation accrue, qui circonscrit les intérêts respectifs, à amoindrir les frottements et les heurts, et M. Gide de conclure ironiquement : « Quel singulier idéal pour la solidarité, que de donner aux individus l'assurance qu'ils ne risqueront jamais de se rencontrer » !

L'échange ? Il a la supériorité d'être soumis à la volonté de ceux qui l'emploient, mais il donne libre jeu aux forces adverses qui s'affrontent sous l'œil impassible de Thémis, qui règle à grand'peine les oscillations d'une balance déchaînée. La concurrence ? C'est contre elle surtout que s'acharne avec sa logique et sa verve coutumières, l'apôtre de la Coopération. Pendant longtemps les économistes firent accroire aux profanes crédules que la doctrine du laissez-faire leur était bienfaisante ; le consommateur, leur disait-on, tire profit de l'émulation qui s'empare des producteurs : les prix baissent du fait de la concurrence, et l'offre s'adapte mathématiquement à la demande, c'est-à-dire aux besoins des populations. On omettait d'ajouter que les denrées et objets dont on vante le bon marché sont souvent falsifiés ou de qualité inférieure, que des produits nuisibles, mais onéreux, sont jetés sur le marché, sans souci des ravages qu'ils causeront, enfin, que les prix échappent aux lois qui les régissent, lorsque des consortium tout puissants s'arrogent eux-mêmes le droit de les déterminer. On évite de mentionner les crises de surproduction et le chômage qui s'ensuit, et d'indiquer qu'une pléthore d'intermédiaires tend à comprimer les salaires et à augmenter artificiellement la valeur d'échange des marchandises. Rien ne prouve, en définitive, que l'intérêt individuel concorde toujours avec le bien-être général ; les exemples qui s'offrent à nous témoigneraient plutôt du contraire.

C'est du côté des libres associations, fruits de l'initiative privée, que M. Gide invitera ses auditeurs à chercher le salut social. Lorsqu'on cherche à discerner les raisons qui incitent les hommes à s'unir, où les intérêts qu'ils partagent, on est amené à reconnaître qu'il est un domaine où, plus que tout autre, ils se trouvent être solidaires : celui de la consommation. Il n'est que juste d'élever cette dernière sur le pavois et de lui donner une importance au moins équivalente à celle de la production qui l'a trop longtemps supplantée. L'Etat, dont la fonction sociale ne cesse de grandir, participera aux réformes les plus urgentes : en aucune cas, son rôle ne saurait devenir prépondérant, car son hégémonie économique ne manquerait pas d'être désastreuse, si, d'aventure, le rêve collectiviste venait à se réaliser.

De toutes les formes que revêt l'Associationnisme, laquelle faudra-t-il choisir? Les syndicats, dont l'intérêt professionnel est incontestable, risquent de propager l'égoïsme corporatif au détriment d'une solidarité plus largement humaine; quant à la mutualité, elle n'intervient qu'incidemment en faveur des malades, des vieillards ou des accidentés. Restent les sociétés coopératives, qui font de l'intérêt de tous, l'intérêt de chacun, et, qui perpètrent ce tour de force, de supprimer les occasions de conflits « en confondant en une seule personne les deux antagonistes » (1). C'est aux Sociétés de Consommation, que M. Gide accorde sa prédilection; il voit en elles l'expression la plus rationnelle et la plus adéquate de l'esprit de solidarité, car leur devise « chacun pour tous et tous pour chacun » est la devise solidariste elle-même.

Les intermédiaires étant supprimés, et la concurrence étant réduite au minimum, l'emprunteur se doublera d'un prêteur, le travailleur d'un capitaliste, et l'acheteur d'un marchand; les rivalités et les hostilités s'évanouiront; aux luttes et aux haines du capitalisme succédera une ère de concorde et de paix. L'avènement de ce régime idéal ne saurait être l'effet du hasard : il présuppose l'éducation des caractères et des volontés, et, de la part de individualités supérieures sur qui pèse le plus lourdement la responsabilité des entreprises, une forte dose d'altruisme puisqu'ils consentiront, sans en retirer de gloire ou

____

(1) Gide : *La Coopération*, p. 172.

de profit personnel, à mettre leurs connaissances et leurs capacités, au service de la cause commune. Un pareil désintéressement n'est pas à la portée de tous, le sentiment de la justice ne suffirait pas à l'inspirer; mais l'amour fraternel y pourvoit.

C'est ainsi que, sans abdiquer ses croyances, ni renier ses origines, l'Ecole Sociale Protestante adhère d'enthousiasme au solidarisme chrétien.

CHAPITRE IV

L'Ecole de Nîmes. — Son inspiration. — Ses fondateurs. — Son influence sur le mouvement coopératif.

Quelle était en France, la situation des sociétés de production et de consommation, lorsque, aux abords de 1890 trois hommes, trois novateurs réunis à Nîmes, donnèrent au mouvement coopératif une impulsion nouvelle et un essor inespéré?

Conçues presque simultanément en France et en Angleterre, par Robert Owen et par Fourrier, les coopératives avaient d'abord suivi, dans l'un et l'autre pays une marche ascendante. Tandis qu'outre Manche elles adoptaient surtout la forme de sociétés de consommation, en conformité avec le programme des honorables pionniers de Rochdale, elles s'orientaient au contraire chez nous vers la production. Les socialistes associationnistes, avec Saint-Simon, Fourrier, Louis Blanc à leur tête, virent dans les associations de production un moyen pacifique d'abolir le salariat, en assurant au travailleur la jouissance intégrale du produit de son labeur, et en concentrant entre ses mains les instruments de travail. Le but ultime des sociétés de consommation leur échappant, ils les traitèrent avec quelque dédain; ils n'aperçurent que leurs avantages matériels et immédiats, et leurs dénièrent toute contribution efficace à l'émancipation du prolétariat. Après avoir résisté aux vexations et aux tracasseries des pouvoirs publics, les coopératives de production connurent en 1848 une éphémère mais brillante floraison. Le coup d'Etat du deux décembre devait leur être fatal, celles mêmes qui furent épargnées par les rigueurs gouvernementales, succombèrent en grand nombre, faute d'organisation, de capitaux, ou de direction compétente..

Gagné au Collectivisme marxiste, fort de la thèse catastophique et du dogme de la lutte des classes, le Socialisme, après l'avoir prônée, se détourna de la Coopération. Dès 1879, sous l'influence de Guesde, le Congrès ouvrier de Marseille déclarait dans un ordre du jour « que les sociétés coopératives de production ou de consommation ne peuvent améliorer le sort que d'un petit nombre de privilégiés, dans une faible proportion et que ces sociétés ne peuvent aucunement être considérées comme des moyens assez puissants pour arriver à l'émancipation du prolétariat ».

C'est à Lyon que prirent naissance, les premières Sociétés de Consommation. Dès 1851 « *l'Association des Travailleurs unis* » y dirigeait, 7 épiceries, 2 boucheries, une boulangerie, une fabrique de chocolat et plusieurs autre magasins ; mais c'est surtout à partir de 1860 qu'elles se développèrent, parallèlement aux Sociétés de Crédit. En 1866 elles atteignaient le chiffre de 78, l'année suivante elles obtenaient un statut légal ; elles tentèrent ensuite de se fédérer en créant en 1876 « L'Union Ouvrière des Sociétés de Coopération », et, en 1884 « Le Syndicat », qui groupait les délégués de plusieurs sociétés adhérentes. Toutes ces coopératives ne s'adressaient qu'à des ouvriers, militants socialistes pour la plupart, elles étaient sous la dépendance d'un parti politique.

Le groupement nîmois, qualifié d' « Ecole de Nîmes » bien qu'il n'ait jamais lui-même revendiqué ce titre, fut fondé par M. de Boyve et Auguste Fabre, auxquels se joignit, après le Congrès de Paris, M. Charles Gide, alors professeur d'Economie Politique à l'Université de Montpellier.

Originaire d'Uzès, et patron d'une petite filature, Auguste Fabre, disciple enthousiaste de Fourrier, fit un stage volontaire de deux années au Familistère de Guise, et vint ensuite se fixer à Nîmes pour y diriger un atelier de mécanicien. A cette époque, les ouvriers avaient coutume de se retrouver le soir, en petit comité, pour discuter sur les problèmes politiques de l'heure : ces clubs prirent le nom de « *Chambrées* », Fabre en fonda une en 16878 et l'appela « *La Solidarité* ». Quatre fois par semaine les membres se réunissaient : Fabre dirigeait les débats, initiait ses camarades aux beautés de l'associationnisme et les incitait à suivre l'exemple des coopérateurs rochdaliens. Bientôt, à l'instigation de leur président, les ouvriers de « La Solidarité » ouvrirent une coopérative de consommation ; les objets y furent vendus au comptant et au prix courant de la ville, les bonis, très modestes au début, furent distribués au prorata des achats ; plus tard, lorsque l'éducation des associés fut plus avancée, ils consentirent à consacrer une part des bénéfices au fonds collectif de réserve. De toutes les préventions, celles des ménagères furent les plus difficiles à vaincre, mais les arguments et la persuation eurent finalement raison de leur hostilité. Le deuxième semestre se soldait par un bénéfice net et Fabre convoquait les autres « *Chambrées* » pour écouter la lecture d'un premier rapport victorieux. Peu après, une boulangerie coopérative « La Renaissance » ouvrait ses portes.

Alors que Fabre était issu de la petite bourgeoisie protestante, M. Edouard de Boyve, protestant lui aussi, appartenait à une riche famille huguenote qui s'était expatriée en Suisse au temps des persécutions. Vivant à Paris, ou à Amiens, où son père était Trésorier Général, il ne s'établit dans le midi de la France, qu'après son mariage. Sous l'influence du pasteur Bersier, il traversa une crise d'âme profonde dont toute sa vie devait porter l'empreinte. Converti à une foi robuste et vivante, il se consacra entièrement aux institutions sociales qui l'intéressaient et dont il devint l'infatigable et zélé collaborateur. Membre dévoué de l'Eglise Réformée de Nîmes, il figurait parmi ses diacres ; son activité s'étendit encore à l'Hôpital Protestant, à la « Société d'assistance aux pauvres », à la « Société de Secours Mutuels », à la Caisse d'Epargne, etc... Nous verrons plus loin qu'il fut un des animateurs de « l'Association pour l'étude pratique des questions sociales » et qu'il suivit le mouvement du Christianisme Social dans tous ses développements.

Suivant de près les publications britanniques (sa mère était anglaise), il se passionna pour l'idéal coopératif : ayant eu l'occasion de fréquenter les dirigeants anglais, il fut à même de juger de la portée et de la valeur de leur effort. La tentative de « la Solidarité » devait tout naturellement attirer son attention ; les deux hommes entrèrent en relations vers 1883. Aidé des conseils de Fabre, de Boyve inaugura la même année une nouvelle coopérative qui ne visait plus seulement les travailleurs d'une « Chambrée », mais était destinée à tous les habitants de la ville. « L'Abeille Nîmoise » installait son magasin dans les derniers jours de 1883, elle débutait avec une centaine d'adhérents ; au bout de cinq ans, ce chiffre avait sextuplé et les bénéfices atteignaient une moyenne de 10 %. En matière de doctrine elle ne prétendait pas innover, ses statuts étaient, à quelques variantes près, calqués sur ceux de Rochdale.

Dès 1883 les trois coopératives nîmoises : La Solidarité », « La Renaissance », « L'Abeille » s'associaient pour fonder la « Société d'Economie Populaire », première ébauche des Universités Populaires, qui devaient connaître, dix ans plus tard, un succès aussi bref qu'éclatant. Cette société se proposait d'étudier et de discuter les questions sociales d'actualité, de provoquer des échanges de vues, de susciter des amitiés, et de rapprocher les classes. Le règlement précise que : « la Société veut l'union de toutes les classes, s'entr'aidant les unes les autres. Elle espère y arriver par l'instruction économique et sociale, seul moyen de neutraliser les agissements des particuliers de toutes les mesures violentes. Cette instruction fera comprendre que les solutions lentes et pacifiques sont les seules durables et que les révolutions n'amènent que la ruine publique... elle n'inscrira pas sur ses murs : liberté, égalité, fraternité, mais elle tendra à ce que ces trois mots soient profondément gravés dans les cœurs et, mis en pratique » (1).

Les liens s'étant resserrés entre les deux coopératives amies et l'union étant souhaitée de part et d'autre « *l'Abeille Nîmoise* » et la « *Solidarité* » fusionnèrent en 1886.

M. de Boyve ne tarda pas à réaliser qu'une fédération entre les diverses sociétés s'imposait : éparpillées, et sans grand rayonnement, les coopératives de consommation pouvaient devenir, en coordonnant leur action et en se prêtant un mutuel appui, une force agissante dans le pays. Une commission de trois membres composée de Fabre, de de Boyve et de Teissonnière fut nommée dans ce but ; elle prit courageusement l'initiative d'organiser un Congrès National, et lança ses circulaires. Grâce aux démarches énergique de M. de Boyve qui en fut l'instigateur, le premier Congrès eut lieu à Paris le 27 juillet 1885, à la mairie du IVe arrondissement où il tint ses assises ; 85 sociétés y étaient représentées et les coopérateurs anglais y avaient délégué deux de leurs membres les plus éminents. En rendant compte de la 4e séance, le Temps rendait hommage au désintéressement du secrétaire général. « Pour grouper tous ces concours », écrivait-il, « il a fallu, nous n'hésitons pas à le dire, tout le dévouement et l'énergie du véritable organisateur de ce congrès, le trésorier de « *l'Abeille Nî-*

---

(1) De Boyve : *Histoire de la Coopération à Nîmes*, p. 119.

moise. ». Pourquoi ne le nommerions-nous point ? Le vœu qui a été exprimé, qu'aucun nom ne fut donné à la presse, vœu auquel nous avons jusqu'ici déféré, a été hier même exceptionnellement écarté en faveur de M. de Boyve à qui des remerciements exceptionnels ont été votés par acclamation. Cette récompense lui était due, et nous tenons à y joindre notre salut le plus cordial. » (1)

Au cours du Congrès d'où toute polémique confessionnelle ou politique avait été exclue, plusieurs rapports furent présentés et on vota un certain nombre de résolutions. On institua un congrès annuel où les coopérateurs enverraient des délégués élus par eux, on créa :

1° une *Chambre Consultative* chargée de centraliser les renseignements et de diriger le mouvement coopératif,

2° une *Chambre Commerciale* qui avait pour mission d'acheter les marchandises aux conditions les plus avantageuses et de les répartir entre les diverses sociétés adhérentes. Ces deux chambres devaient être alimentées par des cotisations individuelles : chaque membre versait par an la somme dérisoire de quinze centimes.

L'année suivante fut, pour l'Ecole de Nimes, fertile en événements heureux. Dotée d'un organe indépendant « *L'Emancipation* », elle fut à même de diffuser sa doctrine et de prendre position vis-à-vis des problèmes économiques les plus importants.

Représentant la France au Congrès des Coopérateurs anglais, M. de Boyve suggérait l'idée d'une Alliance Internationale ; cette Alliance, qui devait se réaliser une dizaine d'années plus tard, groupe aujourd'hui plusieurs millions de coopérateurs dans le monde entier. Enfin, M. le Professeur Gide offrait au groupement nîmois sa brillante collaboration ; il mettait

______

(1) *Le Temps*, 3 juillet 1885.

à son service sa science doctrinale, son talent d'écrivain et de conférencier et son inlassable dévouement. Aux Congrès de Lyon et de Paris, il prononçait deux discours mémorables dans lesquels il exposait que la Coopération ne tend pas seulement à l'abolition du salariat et à l'émancipation de la classe ouvrière, mais qu'elle propose encore une libération individuelle, conditionnée par l'amour du prochain et par le don de soi. Emus par la noblesse de cet idéal, des hommes de toute condition et de toute opinion marquèrent par des applaudissements leur approbation unanime. Malheureusement cette unanimité allait être de courte durée. « L'Ecole de Nîmes », écrit M. Gaumont, « allait être pendant une dizaine d'années une inspiratrice très consciente mais aussi très combative à l'égard du socialisme politique rochdalien », elle allait grouper en un seul faisceau les forces actives de la coopération ». Cependant les tendances qui s'affrontaient allaient bientôt voir leurs divergences s'accentuer et, des questions de personnes intervenant en sus, le schisme devenait inévitable. La rupture occasionnée par la démission des groupes socialistes scinda la Coopération Française en deux organisations adverses : 1° « *L'Union Coopérative des Sociétés Françaises de Consommation* » (1), dont le siège social était rue Christine et que dirigeait un Comité Central, succédané de la Chambre Consultative ; 2° la « *Fédération Coopérative Socialiste* » appelée aussi la « *Bourse Coopérative des Sociétés Ouvrières* ».

La scission fut préjudiciable au mouvement coopératif dans son ensemble ; les quinze années de discussions et de polémiques qui s'ensuivirent permirent néanmoins d'élucider bien des points obscurs et de préparer une base plus solide à l'Union ressuscitée.

---

(1) Cf. Ch. Gide : l'*Ecole de Nîmes.*

Dans leurs grandes lignes les deux programmes étaient sensiblement les mêmes, mais dans le détail apparaissaient les oppositions. Tandis que la « *Bourse Socialiste* » agissait conjointement avec les syndicats et le Parti Ouvrier, au service de la Révolution Internationale, « *l'Union Coopérative* », dont M. Gide était le chef incontesté, demeurait irréductible à toute ingérence politique. Tandis que la « Fédération » n'admettait que les seuls prolétaires et exigeait de ses membres des versements réguliers, prélevés sur les bonis, au profit d'œuvres socialistes et de campagnes électorales, le Comité Central de la rue Christine refusait de prononcer aucune exclusive, et s'adressait, sans distinction de classe, à tous les consommateurs qui s'engageaient à observer à l'intérieur de leurs groupements respectifs, une stricte et bienveillante neutralité. Il précisait lui-même son attitude dans le texte suivant, qui fut voté en 1904... « La Coopération a pour but de remplacer l'état compétitif actuel par un régime de libre association qui règle d'une manière équitable la distribution des richesses économiques, intellectuelles et morales, de la société. La Coopération de Consommation ne veut se faire l'organe exclusif ni d'un parti politique, ni d'un église, ni d'une classe sociale »...

La « *Bourse* » reprochait aux fondateurs de l'Ecole de Nîmes leur qualité de bourgeois et la modération de leurs revendications, « elle se plaignait de leur répugnance à défendre les intérêts d'une seule classe », elle raillait enfin leur inexpérience et leur manque de sens pratique. Ce dernier grief semble avoir été, jusqu'à un certain point, légitime, à en juger par le chiffre d'affaires du « Magasin de Gros » socialiste qui s'élevait à onze millions, alors que celui de « l'Office Central d'achats », atteignait deux millions à peine.

Grâce à ses publications, ses almanachs, ses relations internationales et l'organisation de ses Congrès, l'action intellectuelle exercée par l' « *Union Coopérative* » fut considérable, mais ses tentatives de réalisation eurent infiniment moins de succès et n'aboutirent qu'à des résultats relativement médiocres. Elle eut la bonne fortune de recruter des jeunes gens enthousiastes et cultivés qui lui infusèrent une vie nouvelle : plusieurs d'entre eux (1) se distinguèrent par la suite et servirent hautement par la parole ou par la plume la cause coopérative. Cet appoint lui était d'autant plus précieux, que M. de Boyve, éloigné de Paris, ne pouvait intervenir d'une façon effective dans les décisions du Comité Central et qu'Auguste Fabre, évoluant vers la gauche, s'était peu à peu détaché de l'école dont il avait été un des inspirateurs.

Pendant ce temps, les deux fractions hostiles s'orientaient vers un rapprochement : des partisans résolus de la réconciliation s'employaient assidûment à trouver un terrain d'entente. Le Comité de la rue Christine consentait à faire des concessions dans la mesure où celles-ci ne porteraient pas atteinte à ses principes essentiels ; du côté socialiste, on revenait graduellement au programme de Rochdale, mais il fallut l'intervention de Sellier et de Poisson, les conseils de Fournière, de Jaurès et d'Albert Thomas, sympathiques à l'effort nîmois, pour décider la « *Bourse des Sociétés Ouvrières* », à déposer les armes. Pour éviter toute humiliation aux groupements ennemis, on résolut de dissoudre les deux organisations : la dissolution fut votée à Paris, en novembre 1912, pour la « Fédération socialiste », et aux Congrès de Paris et de Roanne, pour « l'*Union Coopérative* ». Enfin, le jour de Noël 1912, sous le nom de « *Fédération nationale des Sociétés Françaises de Consommation* » le premier Congrès National se réunissait à Tours.

----

(1) MM. Alfred Nast, Daudé-Bancel, Bernard Lavergne, etc...

Cette fusion a permis aux sociétés de consommation de faire de rapides progrès pendant et depuis
la guerre ; par leur importance et par leur nombre
elles dépassent largement aujourd'hui les associations de production. En l'honneur de la Coopération
un Conseil Supérieur a été créé, et au Collège de
France, on a fondé une chaire : M. Gide avec sa
haute compétence était tout désigné pour l'occuper.
Sur quelle base les coopératives ont-elles repris
leur marche en avant ? Le « Pacte d'Unité » qui résume la doctrine de la nouvelle Fédération, se rallie
aù programme rochdalien, à savoir : « La substitution au régime coopératif et capitaliste actuel, d'un
régime où la production sera organisée en vue de la
collectivité des consommateurs et non en vue du profit : l'appropriation collective et graduelle des
moyens d'échange et de production, par les consommateurs associés, ceux-ci gardant dorénavant pour
eux les richesses qu'ils auront créées ». Le manifeste
constate qu'il est d'accord avec le socialisme international, mais il laisse à chaque société toute latitude
en matière politique, il l'autorise à disposer de ses
bonis, à son gré « excluant seulement les sociétés ca-
pitalistes ou patronales ». La Fédération Nationale
qui se qualifie d' « organe d'émancipation des travailleurs » ne néglige pas son rôle d'assistance et
d'éducation ; elle stipule que : « Les sociétés devront
prélever une part de leur trop-perçus, tant pour les
œuvres sociales créées ou à créer, que pour la formation des réserves collectives devant servir à la réalisation du programme coopératif ». En résumé, et malgré une certaine phraséologie empruntée à l'évangile
marxiste, on peut conclure que la note dominante du
Pacte émane de l'Ecole de Nîmes, avec elle, la Coopération indépendante et autonome, a triomphé.

Quel a été l'apport de cette école ? A-t-elle véritablement enrichi la science économique de vues iné-
dites ou de découvertes originales ? Ses dirigeants,

peu portés à faire valoir leurs propres mérites, se sont toujours défendus d'être des novateurs : pour M. de Boyve, en particulier, il s'agissait surtout de poursuivre vaillamment la tradition rochdalienne sans prêter l'oreille aux sollicitations des conservateurs, ou aux avances des socialistes. Quel était donc le but poursuivi par les Equitables Pionniers ? D'après eux, les sociétés de consommation ouvertes à tous (indépendamment de toute considération religieuse ou politique) devaient acheter au prix de gros les objets de première nécessité et d'usage courant, pour les revendre ensuite à leurs membres, et parfois au public, aux mêmes prix que les détaillants. Contrairement à ce qui se passe dans le commerce, les bénéfices réalisés, après déduction des frais généraux, ne servaient pas à enrichir le marchand et les intermédiaires qui le séparent du producteur. Sous le nom de « bonis » ils étaient répartis entre les sociétaires, au prorata de leurs achats ; ceux-ci récupéraient, par ce procédé, ce qu'ils avaient déboursé en trop en faisant leurs emplettes. Le système exigeait la vente au comptant, sans aucun crédit, ce qui obligeait l'ouvrier à tenir ses dépenses au clair et l'empêchait de s'endetter à son insu; il instituait encore des actions de petite valeur, payables par versements hebdomadaires, qui rapportaient des intérêts dès leur libération. Enfin, si tous les membres étaient votants, chacun d'eux ne disposait que d'une voix. Elargissant leur champ d'action, les coopératives anglaises tendirent bientôt à produire elles-mêmes les objets dont elles avaient besoin dans l'espoir de devenir propriétaires d'une grande partie de l'outillage national.

C'est à ce programme que l'*Union Coopérative* voulut ramener les sociétés françaises de consommation : celles-ci, détournées de leur but originel, n'étaient le plus souvent que des magasins achalandés à cause de leur bon marché et de la bonne qualité de leurs produits; les sociétaires ne songeaient qu'à accroître les ristournes et se souciaient fort peu d'alimenter le fonds commun. L'idéal coopératif, supérieur aux convoitises particulières, s'estompait de plus en plus dans un brumeux avenir; élevés au rang d'épargnants et de petits propriétaires, les ouvriers le relégueraient sous peu parmi les vestiges du passé. Cet idéal, M. Gide eut le mérite de le ranimer; dans une conférence faite à Paris en 1888, il en esquisse les grands traits. « ... Si je cherche à me représenter l'organisation future, dans la mesure toutefois où notre science à courte durée peut nous permettre de prévoir l'avenir, elle m'apparaît sous l'aspect d'une multitude d'associations de toutes sortes et de toutes proportions; les unes immenses, les autres petites : associations dans lesquelles les travailleurs toucheront l'intégralité du produit de leur travail parce qu'ils possèdent les instruments de production : associations qui supprimeront les intermédiaires parce qu'elles échangeront leurs produits entre elles, associations qui ne mutileront pas l'individu, parce que l'initiative individuelle restera comme le ressort caché qui fera mouvoir chacune d'elles, mais qui protégeront au contraire l'individu contre les hasards de la vie, par la solidarité, associations enfin qui, sans supprimer cette émulation qui est indispensable au progrès, atténueront la concurrence et la lutte, en supprimant la plupart des cas de conflit qui mettent aujourd'hui les hommes aux prises (1).

Quelle stratégie emploiera-t-on pour aboutir à une aussi complète transformation de l'ordre social. M. Gide va nous le dire en développant un plan de campagne hardi qui sèmerait la panique dans les milieux bourgeois si, en répudiant toute mesure violente, il ne les avait, au préalable, rassurés. Dans une

---

(1) E. de Boyve : *Histoire de la Coopération à Nîmes*, p. 100.

première phase, il s'agira de « grouper entre elles les sociétés ; prélever sur leurs bénéfices la plus grosse part possible pour fonder de grands magasins de gros, et opérer des achats sur une grande échelle ». En second lieu, on se servira des capitaux que l'on aura accumulés, pour « produire directement tout ce qui est nécessaire aux besoins des sociétaires, en créant des boulangeries, des menuiseries, des manufactures de drap, etc., etc... enfin « on acquérera, dans un avenir plus éloigné, des domaines, des fermes... et on produira directement sur ces terres le blé, le vin, l'huile, la viande, etc... » Cependant, les coopératives de consommation n'absorberont pas nécessairement toutes les sociétés de production, elles se borneront à les contrôler, à leur procurer des ressources et à s'approvisionner chez elles. Voici d'ailleurs le processus tel qu'il se résume : « ...dans une première étape victorieuse, faire la conquête de l'industrie commerciale, dans une deuxième faire la conquête de l'industrie manufacturière ; dans une troisième enfin, celle de l'industrie agricole ». Ainsi, sans expropriation brutale, sans guerre, voire même sans contrainte légale, les travailleurs entreraient en possession des instruments de production par la seule volonté de contractants libres. Le consommateur bénéficierait de ce nouvel état de choses qui « ferait passer le gouvernement des mains des producteurs à celles des consommateurs en abolissant le profit et tous les prélèvements parasitaires d'où naissent les grandes fortunes, en établissant partout le juste prix » (1).

L'Ecole de Nîmes veut associer dans la répartition, comme dans la production, ces deux forces antagonistes, et pourtant indispensables l'une à l'autre, que sont le Capital et le Travail. Elle ne repousse pas à priori l'Actionnariat ouvrier ou la Participation aux Bénéfices, dont plusieurs de ses membres sont des

---

(1) Gide : *L'Ecole de Nîmes*, p. 136.

adeptes, mais elle constate que la plupart des patrons, comme des ouvriers, sont hostiles à ces formes
de collaboration, qu'elles n'ont pas de valeur éducative ou stimulante et, qu'en définitive, la participation du prolétaire est presque illusoire puisqu'il est
le plus souvent exclu de la gestion de l'entreprise et
que le pourcentage qu'il touche est dérisoire par rapport au bénéfice global.

Si l'avènement du « règne du consommateur » paraît souhaitable, ce n'est pas que le consommateur
en tant quel tel, ait des mérites particuliers, mais il
symbolise admirablement l'homme moyen, frustré de
sa part de richesse collective. Le terme lui-même peut
être dépouillé de sa trivialité puisque « consommation, au sens élevé du mot, ne veut pas dire satisfaction, puissance, destruction, mais accomplissement. (1)

M. Gide n'a pas d'objection de principe contre l'expropriation légale, à condition que les anciens possédants soient loyalement indemnisés, mais cette mesure lui paraît être peu opportune et d'une efficacité
douteuse. « Nous ne croyons pas qu'il soit indispensable pour cela d'abolir la propriété existante ni
d'exproprier personne : nous avons en vue des choses
plus larges, nous croyons pouvoir arriver à créer
assez de richesses nouvelles. Nous n'avons pas besoin
d'aller arracher aux mains des bourgeois, comme un
butin, les richesses qu'ils ont pu déjà acquérir. Qu'ils
les gardent ! Nous en ferons d'autres. »

Signalons encore que l'*Union Coopérative* n'a jamais songé à écraser les honnêtes détaillants et
qu'elle admire l'effort courageux qui leur permet
de vivre et même de prospérer en dépit de puissantes
sociétés anonymes et de coalitions redoutables.

____

(1) *L'Ecole de Nîmes*, p. 113.

CHAPITRE V

I. L'Ecole de Nîmes (Suite).
II. Le Socialisme Protestant : La Colonie Agricole
de Liefra.

Les coopérateurs nîmois, et en cela ils se distinguent des Associationnistes rochdaliens, et se rapprochent des « Christian Socialists », ont conscience d'avoir devant eux une mission non seulement économique, mais encore spirituelle et morale.

Dans l' « Almanach de la Coopération Française » de 1894, M. Gide énumère en les paraphrasant les douze vertus de la Coopération. Celle-ci permet de *mieux vivre*, puisque les produits achetés sont moins onéreux, non falsifiés et de meilleure fabrication, de *payer comptant*, écartant ainsi les échéances angoissantes, les dépenses futiles et un état de perpétuelle dépendance à l'égard du marchand créancier, et, en troisième lieu, d'épargner sans peine. Si, en effet, la coopérative vend au-dessous du prix courant, le sociétaire fait une économie sur chacun de ses achats, mais d'autre part, il touche en fin d'année une ristourne plus importane, s'il achète au cours ordinaire du commerce local ; de toute façon il débourse le minimum et épargne, presque à son insu. Les rouages se trouvent simplifiés, du fait de la suppression des intermédiaires et du perfectionnement de l'outillage ; des salles de réunions, claires et attrayantes, d'où l'alcool est proscrit, détourneront les ouvriers des débits de boisson où de funestes tentations les assaillent. Les femmes elles-mêmes indifférentes aux questions générales ne tarderont pas à comprendre les avantages de l'association. C'est peut-être la vertu éducative de la coopération qui prime toutes les autres et qui mérite particulièrement d'être mise en valeur. Éducation économique tout d'abord qui initiera les prolétaires à l'art de la direction et de la gestion, qui leur apprendra le maniement des capitaux, la recherche des débouchés, et le sens de la prévoyance, qui les mettra en mesure de parer à toutes les éventualités. Education solidariste aussi, qui constitue un des chapitres essentiels du programme coopératif. L'école de Nîmes a toujours insisté sur le fait qu'une fraction importante des bénéfices devait être soustraite à la répartition individuelle et versée au fonds collectif, dans le but de lancer des sociétés nouvelles, de subventionner des groupements, de mettre sur pied des magasins de gros analogues aux Wholesale anglais, ou d'alimenter des œuvres sociales. « *L'Abeille* prêcha d'exemple en consacrant à la propagande et aux institutions d'intérêt général 42 % de ses bénéfices globaux, elle espérait ainsi réagir contre l'esprit de lucre, et l'égoïsme invétéré d'un trop grand nombre de consommateurs. En aucun cas les sommes déduites des bonis ne devront constituer automatiquement des assurances, le caractère obligatoire de ces placements étant un encouragement à l'insouciance et à la passivité.

Au Congrès International de 1900 MM. Gide et de Boyve présentèrent le vœu suivant qui fut d'ailleurs repoussé : « Le congrès engage les sociétés coopératives de consommation, en ce qui concerne l'emploi de leurs bonis, à ne consacrer à la répartition individuelle que le minimum indispensable pour retenir leurs adhérents, et à en réserver la plus grande part possible pour la création ou la commandite d'ateliers industriels ou agricoles ».

« *L'Union Coopérative* » propose à l'article 2 de ses statuts la « création d'un capital collectif et impersonnel, par le prélèvement sur les bonis, avant la répartition des trop-perçus » ; elle prévoit (art. 7) la fondation d'œuvres sociales (non politiques et non confessionnelles) tout en réservant des ressources pour son but suprême, qui est la transformation de l'échange et de la production par l'institution de magasins de gros et d'industries coopératives. Enfin (art. 8) elle fixe un « retour sur les trop-perçus, pour l'instruction et l'éducation sociale des coopérateurs ».

Dans la République Coopérative la propriété ne serait aucunement supprimée, mais, dans la mesure où elle détermine la production, elle deviendrait accessible à tous sous la forme de co-propriété, la compétition disparaîtrait d'elle-même et le profit dont M. Gide nie la légitimité, serait fatalement aboli.

A l'encontre des grandes entreprises qui creusent entre actionnaires et ouvriers un fossé infranchissable, les uns fournissant tout le travail et les autres se contentant d'empocher les dividendes, les sociétés de consommation pratiquent sur une large échelle la loi de solidarité. Leur devise « Chacun pour tous et tous pour chacun » n'est-elle pas significative, et les deux mains qui s'étreignent sur la vignette de la société nîmoise ne sont-elles pas à elles seules un programme et un symbole ? En adhérant aux statuts, chaque associé renonce par avance et spontanément à une part des bénéfices, qui sera affectée au fonds de réserve pour subventionner la propagande ou entretenir des œuvres instructives ou récréatives d'intérêt collectif, telles que conférences, réunions, cours, musique, abonnements de journaux, etc... C'est encore dans un esprit de collaboration fraternelle que les fondateurs accordent aux nouveaux venus, des avantages en tous points semblables à ceux dont ils jouissent eux-mêmes : même prix des actions, mêmes droits sur les bénéfices, etc... En offrant leurs services gratuitement, ou en se contentant d'appointements modestes les administrateurs ou les gérants ne donnent-

ils pas une preuve tangible de leur désintéressement ?
Afin d'être digne du rôle qu'il prétend assumer le
consommateur a grand besoin de parfaire sa propre
éducation. Guidé par les ligues sociales d'acheteurs,
il se méfiera des objets cédés à vil prix, au préjudice
des travailleurs ou des travailleuses odieusement
exploités et victimes du « sweating-system » ; il se
fournira de préférence dans les magasins qui présentent certaines garanties relativement aux conditions
dans lesquelles le travail s'effectue et est rétribué. Si
l'acheteur ordinaire doit connaître ses devoirs, le
coopérateur aura, à fortiori, un sentiment plus vif
encore de sa responsabilité. Cette responsabilité,
l'Ecole de Nîmes fondée par trois protestants, se
devait à elle-même de ne pas la laisser dans l'ombre ;
elle communique au Solidarisme Coopératif une
nuance individualiste chère aux chrétiens sociaux.

Un certain mysticisme philosophique et religieux
imprègne les écrits et les discours de M. de Boyve.
M. Gaumont, historien de la Coopération, en fait la
remarque et il ajoute que les théoriciens de Nîmes
« ont continué la formule des Rochdaliens, mais en lui
donnant toute la solide vertu d'une doctrine tout ensemble morale, scientifique et sociale » (1). Ce contenu
moral, une circulaire de « *L'Union Coopérative* » le
précise lorsqu'elle indique que l'objectif de la République Coopérative sera : « le développement de
la personnalité humaine par la justice et par la solidarité » (1).

La fraternité vraie est instinctive aux âmes ai-
mantes et généreuses, mais encore faut-il que les conditions économiques ne dressent pas devant elles d'insurmontables obstacles. Le régime capitaliste est
condamnable parce qu'il s'oppose à toute solidarité

---

(1) Gaumont : *Histoire de la Coopération*, T. II, p. 99.
(1) Gide : *L'Avenir de la Coopération*, in *Conférences de Propagande*.

effective. « ...Travailler pour le compte d'autrui »,
écrit M. Gide, « ce n'est pas être associé à autrui. Je
vois entre eux, non pas affinité naturelle, mais antagonisme, les uns se plaignent de toute élévation de
salaire qui diminue les dividendes, les autres se plaignent de toute distribution de dividendes qui diminue
d'autant leurs salaires, les uns travaillent à une entreprise dont ils ne recueillent pas les fruits, les autres recueillent les fruits d'une entreprise à laquelle
ils ne travaillent point : étrange association en vérité
où les uns n'apportent que leurs bras, où les autres
n'apportent que leur bourse, et où personne n'apporte son cœur ! » L'association authentique que le
coopératisme espère réaliser, implique l'identité des
intérêts, la réciprocité des services rendus, le concours empressé et joyeux de tous en vue de l'œuvre
commune.

Envers le socialisme révolutionnaire l'Ecole de
Nîmes ne manifeste pas une propension plus mar-
quée. Elle repousse avec horreur une doctrine qui
s'échafaude sur la haine et qui propage le mythe de
la grève générale, sans se soucier des souffrances inévitables que celle-ci infligerait à des milliers d'inno-
cents. Dénonçant avec âpreté les dangers et les écueils
d'un Communisme éventuel, M. de Boyve anticipant
sur les ravages du Bolchevisme, écrivait en 1883 :
« Le système coopératif n'a rien de commun avec le
Communisme. Le Communisme est la tyrannie de
l'Etat sous sa forme la plus aggravée, il vise à convertir la communauté en un gigantesque atelier d'où
sont bannis l'individualité et la responsabilité. C'est
la négation de la Coopération : celle-ci veut au contraire le développement et l'extension de la liberté
de chacun. La Coopération pousse et encourage la
production et produit l'économie : le Communisme
pratique l'un et décourage l'autre en substituant l'action de l'Etat à l'action individuelle. La Coopération

fait des hommes se confiant en eux-mêmes, le Communisme fait des enfants qui restent toute leur vie
en tutelle ».

Il existe donc une antimonie irréductible entre
l'Etatisme intégral du système collectiviste et le faisceau d'associations volontaires, respectueuses de la
propriété individuelle, qu'instaurerait le régime coopératif. L'Ecole de Nîmes qui doit son nom à une
boutade de l'économiste Brelay, ne vise à rien moins
qu'à transformer toute l'organisation de la consommation. Un minimum de bien-être pour tous, une
répartition plus juste de la richesse, tels sont ses
objectifs immédiats. Mais, imbue des préceptes évangéliques auxquels elle ne craint pas de se reporter,
elle subordonne le progrès social au progrès moral,
la loi de solidarité économique, à la loi de l'amour
chrétien « Le Christ a donné sa vie pour l'humanité
et a parlé de patience à ceux qui souffraient, mais en
les grandissant ; Il a recommandé aux hommes de
porter les fardeaux les uns des autres ; Il a fait entendre aux riches que s'ils possédaient de grands
biens, leur responsabilité était d'autant plus considérable et qu'ils devaient les consacrer à Dieu, en les
employant au service des hommes » (1).

A l'exception de la haute bourgeoisie conservatrice, et d'une infime minorité d'extrême gauche, le
Protestantisme français, dans son ensemble, est
acquis à l'idée de la Coopération, de par ses affinités
naturelles. Il est séduit par une doctrine qui, sans
excès ni contrainte, fait passer la suprématie économique entre les mains des consommateurs au
moyen de groupements librement constitués, qui
gèrent avec compétence les intérêts communs. Si tous
ne croient pas à l'extension illimitée des sociétés de
consommation et ne voient pas en elles une panacée

____

(1) De Boyve in : *Congrès de l'Association Protestante pour
l'Etude Pratique des Questions Sociales*, 1891, p. 15.

pour tous les maux, du moins admettent-ils là vertu
éducatrice de ces associations qui appliquent les
principes féconds d'une solidarité spontanée et volontaire. M. Gide explique cette sympathie en faisant
ressortir l'analogie qui existe entre les coopératives
et les associations cultuelles des Eglises Réformées
qui sont, elles aussi, autonomes, et qui sont unies
seulement les unes aux autres, par un lien fédéral.
Ce qui attire surtout les protestants dans la Coopération, c'est qu'elle ne s'efforce pas de les embriga-
der dans un parti politique et qu'elle favorise l'épanouissement d'individualités vigoureuses et hardies,
qui ne seront pas mues par un désir immodéré d'argent et de puissance, mais qui se plairont à faire
usage de leurs talents et de leurs forces pour le plus
grand bien de ces petits et de ces humbles, auxquels
le Royaume des Cieux est promis. Ils souscrivent
volontiers à un égalitarisme qui n'a rien d'agressif ni
de haineux et qui repousse tout nivellement démago-
gique qui s'opposerait à l'utilisation des valeurs et
des capacités. Ils considèrent avec l'un des leurs que
« la base solide de l'organisation économique est ailleurs que dans le pouvoir de l'Etat ; qu'elle est dans
la puissance des forces sociales organisées, que l'Etat
peut être amené à coordonner leur action, mais qu'il
ne peut ni la créer, ni la supplanter » (1).

Dans les milieux ecclésiastiques, le coopératisme
recruta de nombreux adhérents. Le pasteur Comte,
de Saint-Etienne, journaliste et orateur, s'en fit l'ardent défenseur. Faisant allusion à l'avènement éventuel d'une république coopérative il s'écriera : « En
elle est le remède parce qu'en elle est la raison et
l'ordre, partant, la justice ». Trente ans plus tard,
le pasteur Gounelle, un des initiateurs du christianisme social, présentant à Stockholm un rapport sur :
« Le rôle de l'Eglise en face des problèmes écono-

____

(1) Duprat : *Revue du Christianisme social*, sept. 1921.

miques, industriels et sociaux », rejetera le système capitaliste qui lui paraît être en antagonisme avec l'idéal chrétien, mais il admettra que le régime de libre concurrence ait pu être, dans l'évolution, un stade nécessaire, et que la conscience peut, avec certaines limitations, admettre le profit comme un stimulant normal et légitime. Il repoussera également le Matérialisme Historique et accordera ses préférences au programme coopératif que l'Eglise peut accepter comme principe de reconstruction économique, puisqu'il fait appel, non à l'intérêt égoïste, mais à la solidarité, non à la force, mais à la justice, et qu'il ne prétend pas supprimer la propriété, mais veut la rendre, au contraire, accessible à tous. Le pasteur Gounelle ne conclut, au demeurant, qu'en son nom personnel ; fidèle à l'esprit de liberté de la Réforme, il se défend de vouloir imposer à ses coreligionnaires sa façon de penser : que chacun d'entre eux fasse son choix en toute indépendance, à la lumière de sa raison et de sa foi. Tout en demeurant au-dessus et en dehors des partis, les églises ont cependant un rôle social à remplir : « Elles doivent protester contre tout ce qui, dans l'ordre industriel ou commercial, dégrade, avilit ou supprime la personne humaine, elles approuveront de plus en plus tout ce qui, dans les dispositions légales, les réformes pratiques, les institutions patronales, les organisations ouvrières et les efforts des consommateurs, tend au progrès social, à l'accroissement de la production et à son contrôle, à une plus grande probité professionnelle, à une plus juste répartition des richesses et des revenus, à un meilleur usage enfin des biens et des capitaux, qui bannisse le mauvais luxe, le gaspillage, les excès de l'extrême richesse et de l'extrême pauvreté. » Ces directives, si imprécises et générales soient-elles, se rapprochent singulièrement des principes sur lesquels l'Ecole de Nîmes a vécu.

II. — *Le Socialisme protestant : La colonie agricole
de Liéfra*

A l'aile gauche du Protestantisme, de jeunes pasteurs (1) collectivistes, et quelques laïques, parmi lesquels Paul Passy, fils du doyen de l'Ecole Libérale, et Raoul Biville, professeur à la Faculté de Droit de Caen, se concertèrent pour fonder « l'Union des Socialistes Chrétiens », qui publia la déclaration suivante : « Nous, chrétiens et socialistes, socialistes
« parce que chrétiens : douloureusement frappés par
« l'antagonisme qui, en général, sépare et oppose les
« uns aux autres les chrétiens et les socialistes. Constatant que les Eglises, infidèles à l'esprit du Christ,
« ont trop souvent été une force au service du capitalisme, mais, persuadés que nombre de chrétiens
« sont prêts à accepter les principes économiques du
« socialisme et sont repoussés seulement par l'attitude anti-religieuse de certains socialistes. Constatant, d'autre part, que les groupements socialistes
« sont souvent des foyers de propagande anti-religieuse, mais persuadés que nombre de socialistes
« sont prêts à accepter l'idéal moral et spirituel du
« christianisme et sont repoussés seulement par l'attitude des chrétiens. Convaincus qu'en dissipant le
« malentendu qui sépare ainsi des hommes faits pour
« se comprendre et s'entendre, on hâtera l'avènement de cette société de justice et de fraternité
« que les uns apellent le Royaume de Dieu et les
« autres la Cité Future, avons décidé de nous grouper. »

« *L'Union Socialiste Chrétienne* groupe en association les personnes que préoccupe le côté social du christianisme et qui, voulant être dans leur vie les disciples de Jésus-Christ, voient dans les principes socialistes la meilleure application de l'Evangile dans le domaine économique. »

---

(1) Wilfred Monod, E. Gounelle, Ragaz, etc.

La Société aura pour objet de « faire pénétrer dans les églises et autres institutions religieuses, le message social de Jésus » et de montrer « que le socialisme est l'expression économique normale de la vie chrétienne », elle espère ainsi instaurer « une démocratie sociale, et mettre fin à la lutte des classes. »

Ce groupement tentera de dissiper les préjugés qui empêchent le socialisme de fusionner avec la religion chrétienne, il voudrait à la fois réhabiliter les chrétiens aux yeux des révolutionnaires, et éclairer les croyants mal renseignés qui ne considèrent les socialistes que comme des instigateurs de guerre civile.

Les « Socialistes Chrétiens » considèrent que les églises de la chrétienté ont plus ou moins consciemment voilé et masqué le message du Christ réformateur, et qu'il est grand temps de se retremper à la source de son enseignement égalitaire. Toutefois, ils ne veulent pas faire table rase de toute possession individuelle, ils tolèrent la propriété particulière avec cette restriction, que ceux qui possèdent ne seront en réalité que des usufruitiers, la nue propriété revenant de droit à la collectivité tout entière.

Les chrétiens socialistes ou socialisants ont, de tout temps, prêché le retour à la terre et la valeur morale du travail manuel. Leurs idées se sont implantées dans les pays anglo-saxons et en Russie où Tolstoï se fit l'apôtre du communisme rural et réclama pour les paysans, la propriété collective des champs qu'ils cultiveraient en commun. En Angleterre, Ruskin mena une croisade en faveur du labeur manuel qui est digne d'une œuvre d'art lorsqu'il atteint la perfection, cependant que les « Christian Socialists » réclamaient d'urgence une Réforme Agraire qui enlèverait aux riches propriétaires les biens fonciers qu'ils accaparent, et se ralliaient à la doctrine d'Henry George et à son projet d'un impôt unique sur la valeur du sol.

Anticipant sur la colonie dalécarlienne dont Selma

Lagerlöf nous compta naguère la touchante et poétique aventure, les protestants des Etats-Unis organisèrent des phalantères chrétiens. « Brook Farm », malgré son existence éphémère, connut la célébrité : des personnalités telles que Channing, Hawthorne, Margaret, Fuller et Alcort y séjournèrent. Des hommes et des femmes, — dont plusieurs appartenaient à l'élite de la nation, — y vivaient en communauté, se livrant à la culture et aux divers travaux matériels que comporte l'exploitation d'une entreprise agricole. S'inspirant de l'enseignement des Transcendantalistes, ils jugeaient que la meilleure façon de réaliser l'épanouissement et le développement du moi, est encore de se dévouer aux autres et de se retrouver en eux. Le communisme des habitants de Brook Farm ne manquait pas de largeur, et se teintait d'individualisme. Il autorisait la possession individuelle de certains biens et la liberté d'en acquérir de nouveaux. Le travail était obligatoire et les salaires égaux, mais chacun sélectionnait les occupations qui lui convenaient le mieux et fixait lui-même ses heures de travail. Une autre colonie, celle de « Hopdale, » visait de même le progrès et l'enrichissement spirituel par les bienfaits de la vie en commun, aussi ses fondateurs lui donnèrent-ils le nom d' « Association Universelle de Réforme Morale ».

La Colonie de Liéfra

Seul, sans appui financier appréciable, un socialiste français, à force de ténacité et de courage, parvint à créer et à faire vivre une entreprise collectiviste agricole, et c'est l'histoire de Liéfra que nous allons maintenant conter.

Converti au protestantisme, Paul Passy, professeur à l'Ecole des Hautes Etudes Sociales, s'occupa d'abord d'évangélisation populaire et d'institutions sociales. En 1902, il se liait avec Biville et, en 1908, il fondait l' « *Union des Socialistes Chrétiens* » qui avait pour organe « *L'Espoir du Monde* ». Membre du Parti Socialiste Français, il s'en retira en 1918, écœuré par l'intransigeance d'une minorité aux ordres de Moscou, et organisa avec quelques-uns de ses amis un groupement plus modéré dont Georges Renard fut le théoricien.

Dès 1889, lisant un article du pasteur Minault sur « Le Droit de propriété dans la législation mosaïque » il eut une véritable révélation de l'œuvre qui s'imposait à lui, et il résolut de créer une colonie coopérative d'après les principes suivants : possession collective du sol, avec répartition entre plusieurs familles : chaque famille disposant librement de son lot de terre, mais ce lot revenant périodiquement à la collectivité afin de maintenir l'égalité des richesses.

C'est seulement en 1908 que Paul Passy put mettre à exécution le rêve sur lequel il avait longuement médité pendant de fructueuses années d'études et d'expériences. Il acheta la ferme de *Feï Boas*, dans la commune de Saint-Usage, aux abords de la forêt de Clairvaux, dans l'Aube (1). Il s'agissait de diviser ce domaine, dont la colonie serait propriétaire, en lots de valeur égale, distribués individuellement, mais de manière à constituer des biens de famille. La nouvelle Société Coopérative prit le nom de « *Liéfra* » voulant dire : liberté — égalité — fraternité. La pénurie de fonds et la sélection des familles constituèrent au début de sérieuses difficultés. On eut quelque peine à parer aux premières dépenses, telles que l'achat des maisons, du bétail, des semences, et à trouver des colons animés d'un même idéal religieux.

En 1911 « *La Terre Libre* », groupement fondé par Henri Lasserre, apporta à la « Société Liéfra » qui posédait alors 130 hectares de terrain, une aide matérielle précieuse. Grâce à ce bailleur de fonds provi-

---

(1) V. *Revue du Christianisme social*, 1910-1911-1912.

dentiel, on fut à même de faire les achats indispensables, d'accorder aux colons des prêts gratuits, d'acquérir des terres, de construire des bâtiments, et d'adjoindre aux quatre familles qui représentaient à elles seules toute la colonie, deux familles nouvelles. L'autonomie de « Liéfra » était entière, ce qui ne l'empêcha pas d'adhérer volontairement à la « Fédération des Organisations Collectivistes ». Son inspiration religieuse est clairement exposée dans l'avant-propos auquel les statuts font suite : « Les soussignés, convaincus que le régime de propriété capitaliste, en favorisant la concurrence illimitée et en facilitant l'exploitation des faibles par les forts, tend à concentrer la richesse entre les mains d'un petit nombre en mettant les autres dans la misère, et a fait naître entre les hommes des sentiments d'animosité et de haine. Convaincus que les chrétiens peuvent trouver dans les enseignements de l'Ecriture et les directives du Saint Esprit, les principes d'un ordre social différent fondé sur la justice et la fraternité, ont décidé de faire sur une petite échelle l'essai d'un tel ordre social, autant que le permet l'ambiance capitaliste »...

Le domaine fut divisé en deux portions. L'une d'elles, comprenant principalement des pâturages, des bois, et certains terrains difficiles à lotir, demeura indivise et fut exploitée collectivement au bénéfice de la Société. Elle fut dirigée par un gérant que les colons désignaient eux-mêmes : pour l'exécution des travaux, on s'adressait aux sociétaires et on leur allouait une indemnité fixée à l'amiable. En cas de nécessité, on pouvait même exiger d'eux des prestations en travail (l'Assemblée générale établissait des services de corvées), ou bien faire appel à des travailleurs du dehors. Pendant la morte-saison, on prévoyait l'installation d'ateliers collectifs. Si la majorité y consentait, on se proposait d'aménager des terrains de jeux et de sports et des jardins d'agrément.

En ce qui concerne l'autre portion, elle devait être répartie en parcelles de valeur équivalente. D'après l'article 35 des statuts : « Chaque sociétaire a la pleine jouissance d'un arpent de valeur (cet arpent étant en moyenne de 4 hectares) et en outre, la jouissance d'autant de fois un demi-arpent qu'il a d'enfants ou de pupilles mineurs à sa charge ; la distribution se fera de telle sorte que les membres d'une même famille aient leurs parcelles attenantes, formant ensemble un bien familial ». Ces avantages furent accordés pour ne pas dissocier la cellule vitale qu'est la famille et afin de donner une prime à la natalité.

Pour devenir membre de la colonie, il faut être accepté par l'Assemblée Générale après un stage de trois mois, et verser (la règle admet des exceptions), une somme de 300 francs. En échange de ce droit d'entrée, on remet au nouveau sociétaire une action de 50 francs, libérée dès que l'admission a été régulièrement enregistrée. Lorsqu'un sociétaire meurt, qu'il est exclu ou encore qu'il démissionne, l'action qu'il possédait est, sans autre formalité, annulée. En cas de décès, les biens dont le défunt avait la jouissance retournent à la Société, mais la famille pourra restituer un lot équivalent, autre que celui qui lui appartenait. Si le conjoint survivant ou les enfants demeurent à Liéfra, ils seront, dans la limite de leurs besoins, autorisés à conserver les meubles meublant, les récoltes, le chepel mort ou vif et les bâtiments construits par les soins de leur parent. S'ils ne peuvent se suffire, la colonie se fera un devoir de subvenir à leur entretien. En cas de départ, les démissionnaires emporteront leurs meubles, leur cheptel, etc..., et on tiendra compte, en leur faveur, de la plus-value que leurs travaux ont conférés à la parcelle dont ils avaient la jouissance. A l'exclusion d'une somme mise en réserve, les bénéfices de la portion indivise seront répartis intégralement entre les colons.

Indépendamment du revenu qu'ils retirent de leur lot, les sociétaires bénéficient de certains avantages collectifs, tels que (art. 12) : « Assurances Mutuelles — Services coopératifs de vente et d'achat, et institutions diverses qui pourront être organisées par la Société, et, éventuellement, par « La Fédération des Organisations Collectivistes. » Une assemblée annuelle, composée de tous les adhérents majeurs, élit un conseil de trois membres et un gérant désigné pour trois ans. Afin d'éviter les inégalités et les injustices, on procédera tous les dix ans à une révision de toutes les parcelles. Des sommes, déduites des profits collectifs, seront réparties par moitié entre une « *Caisse de Progrès* » pour le développement matériel et moral de la Société et une « *Caisse de Fraternité* » destinée à encourager la création de fondations similaires.

A Liéfra, de même que dans les anciennes colonies chrétiennes de Brook Farm et d'Hopdale, l'indépendance individuelle est respectée d'une façon absolue et rien ne vient entraver le libre jeu de l'initiative privée. Le colon exploite son lot à sa guise et n'a de remontrances à recevoir de personne. Il le gérera comme il l'entend, et, selon sa convenance, il le cultivera ou le laissera en friche, il y fera de l'industrie ou du commerce, il l'occupera lui-même ou le louera pour le tout ou en partie seulement, soit à la collectivité, soit à un autre sociétaire. Une seule restriction : il ne peut aliéner ce bien dont il n'a que la jouissance, ni signer un bail de plus de dix ans. A tout moment, il peut se retirer de l'association, mais tant qu'il en fait partie, il doit se soumettre aux statuts qu'il a acceptés par contrat et qui ont été formulés dans l'intérêt de la communauté. Plusieurs de ces règlements portent l'empreinte de la morale puritaine et rigoriste du calvinisme. Parmi les actes répréhensibles qui peuvent entraîner l'exclusion, on relève, à l'article XIV : les atteintes aux biens des particuliers, les infractions à la morale sexuelle (actes contre nature — relations sexuelles hors mariage — mariages consanguins, etc.), le commerce des spiritueux ou des narcotiques, la négligence en ce qui concerne l'instruction et l'éducation des enfants, la cruauté envers les animaux, etc...

Si ces prescriptions morales ont pu être observées sans trop de peine, c'est qu'elles s'adressent à des hommes et à des femmes chrétiens qu'inspire un noble idéal de droiture et de pureté. Chaque journée de travail débute par un culte d'édification mutuelle tenu chez l'un ou l'autre des colons qui éprouvent le besoin d'élever ensemble leurs âmes vers le Seigneur, et de lui consacrer leurs efforts.

En 1912 Liéfra englobait six familles composées de 34 personnes dont 16 enfants; la plupart des adultes s'adonnaient à la culture et à l'élevage; on signalait toutefois la présence d'un maçon, d'un mécanicien, d'un scieur de long, etc. La colonie a survécu à la guerre, mais elle ne semble pas appelée à connaître un brillant essor. Si elle a pu surmonter tous les obstacles d'ordre intérieur ou extérieur, c'est d'abord qu'elle se compose de croyants sincères animés du loyal désir de s'entr'aider et de s'entr'aimer fraternellement; c'est ensuite qu'elle a été fondée par un homme qui, en psychologue et en observateur, a su tenir compte des deux sentiments enracinés le plus profondément dans le cœur humain : le désir de la propriété personnelle et l'amour de la famille. Il a compris que le meilleur stimulant au travail, c'est encore la possession d'un lopin de terre individuel, et d'un bien familial, mais il a voulu pallier les effets souvent injustes de l'héritage en le limitant aux objets mobiliers de minime valeur.

Il est peu probable que la petite colonie socialiste de Paul Passy suscite des imitateurs ; elle vit à l'écart, sans vaine réclame, laborieuse et modeste ; indifférente à l'approbation des hommes, elle poursuit son œuvre sous le regard de Dieu.

CHAPITRE VI

Le Mouvement du Christianisme Social

A. *Le Mouvement à l'Étranger.* — B. *Le Mouvement
en France : L'Association Protestante pour l'Étude
Pratique des Questions Sociales.* — *La Revue du
Christianisme Social.*

A. *Le Mouvement à l'Étranger.*

L'éclosion du socialisme, et l'acuité nouvelle confé-
rée au problème du paupérisme par la concentration
industrielle, déterminèrent, dans les pays protestants, en réaction contre l'individualisme excessif de
la Réforme, un courant social irrésistible. Se détour-
nant des conflits dogmatiques et des stériles controverses, des chrétiens d'avant-garde se firent les che-
valiers d'une croisade moderne, celle de la solidarité,
et recrutèrent leurs troupes. C'est en Angleterre que
le mouvement naquit : deux pasteurs, dont l'un, écrivain célèbre, fondèrent le groupement des « Christian Socialists » qui se proposait de combattre par
tous les moyens l'exploitation des classes laborieuses
et qui, dénonçant les abus du régime capitaliste, se
tournait avec sympathie et espoir vers l'Associationnisme naissant.

En 1851, Charles Kingsley prononçait à Londres
un sermon mémorable qu'il intitula plus tard : le
message de l'église. Cette prédication véhémente et
inattendue éclata comme une bombe dans la paisible
assemblée dominicale des fidèles, peu accoutumés à de

semblables exhortations : certains furent émus, d'autres s'en montrèrent scandalisés, mais le défi était lancé et un puissant souffle de fraternité allait soulever les foules chrétiennes de la Grande-Bretagne. Du haut de la chaire, Kingsley s'en prenait à l'égoïsme économique de l'Ecole de Manchester. « Tout système social », s'écriait-il, « qui favorise l'accumulation du capital entre les mains d'un petit nombre de membres, qui dépouille les masses de la terre que leurs ancêtres ont possédée, qui les réduit à la condition de serfs ou de journaliers, qui les courbe sous le poids de leurs dettes, ou qui, d'une façon quelconque, les dégrade et les asservit, ou même qui leur refuse une situation sûre dans la communauté, tout régime pareil est contraire au Royaume de Dieu que Jésus a proclamé ». Et il concluait « que la concurrence commerciale enfante la mort, et que seule la coopération produit la vie ». Aussi est-ce vers le coopératisme qu'il se sentira attiré et c'est aux sociétés de production, qu'avec Frédéric Denison Maurice, il accordera son appui.

Une propagande vigoureuse et méthodique ne produisit pas les résultats escomptés, elle parvint cependant à faire voter des lois qui conféraient aux coopératives la personnalité légale. Parallèlement à cette action, les Christian Socialists entreprirent une campagne en faveur d'une législation industrielle ; grâce aux interventions courageuses et répétées de Lord Shaftesbury, les Chambres adoptèrent enfin des lois qui limitaient le travail des enfants dans les manufactures, assuraient l'inspection officielle des ateliers, veillaient sur la sécurité et facilitaient la construction de logement salubres.

Le programme primitif qui s'annexait la formule de Maurice : « Socialiser le Christianisme, ou Christianiser le Socialisme » s'est modifié en évoluant et a revêtu diverses modalités.

L'Eglise Anglicane, malgré son esprit traditiona-

liste et conservateur, ne s'est pas laissée devancer
par les sectes rivales plus démocratiques. En 1888,
elle organisait à Lambeth, sous la présidence de l'évê-
que de Canterbury, une conférence œcuménique au
cours de laquelle une commission fût chargée d'étudier les problèmes sociaux. Celle-ci, sans se prononcer d'une façon péremptoire en faveur d'un régime
particulier, déclara que le socialisme et la doctrine
chrétienne n'étaient pas inconciliables, et elle pré-
senta un projet de réformes qui étonnent par leur
hardiesse. Elle recommanda la création de sociétés
coopératives, elle suggéra toute une série d'améliorations, telles que : limitation légale des heures de travail, éducation gratuite, construction de maisons ouvrières, suppression de l'alcool, et des mesures plus
radicales, à savoir : l'impôt progressif sur le revenu,
la limitation de la liberté de tester, la nationalisation
des chemins de fer, des canaux, des biens de mainmorte, etc.

A la suite de la conférence, naquirent la « Christian Socialist Society » et la « Christian Social
Union » qui ne s'adresse qu'aux ecclésiastiques. Enfin, la « Guilde de Saint Matthew » tout comme « The
Economic Review » d'Oxford, préconisa une réforme agraire basée sur une plus juste répartition
des biens fonciers. Vingt ans plus tard, le congrès
Pan-Anglican invitait l'Eglise à s'enrôler dans le
mouvement social-chrétien qui veut procurer à chaque homme « l'occasion de vivre une vie vraiment humaine » sur cette terre, sans attendre les célestes béa-
titudes. « Nous avons », disait le pasteur Price
Hughes à ses paroissiens, « à chercher le royaume de
Dieu et sa justice ici-bas, dans les brouillards de Londres, non dans le paradis ! ».

Qu'elles soient congrégationnalistes, baptistes ou
wesleyennes, les églises non-conformistes participent
assidûment au redressement social. Leur activité se
manifeste par l'existence de « Brotherhoods » et

d'œuvres, qui, bien que groupées autour d'une paroisse, conservent une certaine autonomie. Les « Eglises Institutionnelles » ainsi qu'on les appelle, d'un nom venu d'Amérique, ont pris dans certaines grandes villes ou centres industriels, une extension remarquable. Celles de Whitefield et de Claremont, à Londres, offrent d'admirables exemples de ce qu'une église peut réaliser lorsqu'elle prend à cœur sa mission sociale. Dans ces communautés, le culte divin demeure l'axe et le centre autour duquel gravitent des œuvres innombrables. Les chrétiens ont compris qu'ils devaient évangéliser hors des temples, en pleine mêlée, et aller au devant de ceux qui souffrent, de ceux qui peinent, de ceux que ronge une amertume sourde et une légitime révolte; parce qu'ils sont affamés de justice et de paix. Ils ont compris qu'il n'était plus temps de gémir dans l'isolement, qu'il fallait lutter infatigablement pour le triomphe des causes justes, inervenir dans les conflits, agir sur les pouvoirs publics d'une part, et de l'autre, rendre tolérable l'existence de ceux que la société exploite ou dédaigne. « Les Eglises Institutionnelles » écrit Sylvester Horne, « sont les églises de la démocratie : elles n'oublient pas que l'homme a un corps aussi bien qu'une âme, une âme aussi bien qu'un corps ». (1) On ne convertit pas les hommes en suscitant en eux la crainte de l'enfer, ou en faisant miroiter devant eux d'illusoires promesses : à une religion d'amour, il faut des actes d'amour, de la beauté, de la bonté et de la joie. Dans les temples, se tiendront, tout à tour des assemblées religieuses, des conférences contradictoires, des réunions de jeunesse. A côté des églises, s'ouvriront des clubs pour tous les âges, foyers de délassement mental et corporel où chacun, selon ses dispositions et ses goûts, pourra profiter des conférences, concerts, auditions théâtrales, cours, séances de gym-

______

(1) V. Sylvester Horne : The Ministry of the modern church.

nastique, bibliothèques, restaurants, excursions, bains-douches, organisés à son intention. Pour les enfants, on installe des crêches-garderies et des écoles maternelles; pour les adultes, des bureaux de renseignements et de placement, des caisses de prêt et d'assistance, qui remplacent avantageusement les aumônes et les dons. En un mot, le temple se transforme en une vaste mutualité, un home, où se succèdent les prières et les jeux. L'objectif? C'est encore Sylvester Horne qui le définit : « Transformer le monde moderne en une société chrétienne, substituer au socialisme fondé sur la conquête exclusive des intérêts de classe, le socialisme fondé sur la communion spirituelle : rassembler les forces éparses d'un christianisme divisé en une vaste confédération où l'organisation aura moins d'importance que l'unité de la foi au même Seigneur, dans une communion aussi large que la vie humaine et aussi profonde que la détresse humaine ».

Des « settlements », dont Toynbee Hall fut le prototype, s'ouvrent en pleins quartiers ouvriers : des étudiants, de jeunes hommes appartenant aux professions libérales ou au monde des affaires, y vivent en commun et consacrent leurs soirées et leurs loisirs à faire bénéficier de leurs connaissances scientifiques, littéraires ou artistiques leurs concitoyens peu fortunés, et astreints à des tâches ingrates.

Dans les milieux intellectuels, les invectives de Carlyle contre l'égoïsme jouisseur des riches, et les prophéties de Ruskin, commencent à porter des fruits : les dogmes sacro-saints du Libéralisme cessent d'être intangibles, une élite prend conscience de ses responsabilités et de ses charges. Le journaliste Stead, insensible aux attaques et aux perfidies, dévoile à un public révolté, le trafic honteux de la Traite des Blanches; l'Armée du Salut, bravant moqueries et sarcasmes, pénètre dans les bouges de l'East-End, offre des abris aux sans-asiles, des occupations aux sans-travail et de l'espérance à tous; le Docteur Bernardo crée l'institution qui porte son nom, et qui assure à des milliers d'enfants abandonnés, un avenir honorable. Enfin, de formation récente, puisqu'il date de la guerre, le « Guild Socialism » organise avec Cole des groupements professionnels qui affirment la valeur de l'individu, qui s'opposent à la conception matérialiste du syndicalisme mondial, et qui veulent lui donner un fondement éthique et religieux.

En Allemagne, le protestantisme social présente, en s'amalgamant à la politique, un caractère distinctif : en face du Centre Catholique, il rêve de constituer un parti homogène, qui s'épanouirait sous l'égide du gouvernement. Le mouvement prit d'abord une allure nettement officielle : ne reçut-il pas les encouragements de Bismarck qui tâcha de rallier au pouvoir impérial les forces ouvrières détachées de la Social-Démocratie, n'eût-il pas pour chef le pasteur Stöcker, prédicateur de la Cour à Postdam, dont le journal : « Le Socialiste d'Etat » choisit pour épigraphe cette déclaration loyaliste : « La question sociale existe et elle ne peut être résolue que par l'Etat fortement et monarchiquement organisé » ? Des Congrès Evangéliques Sociaux auxquels Todt et Harnack participèrent, espérèrent endiguer la montée du flot révolutionnaire : à vrai dire, ils n'eurent de retentissement que dans les milieux bourgeois, flairant une manœuvre, les prolétaires demeurèrent sourds à leurs invites. Compromis à droite, déconsidéré à gauche, Stöcker dut bientôt résigner ses fonctions officielles et il acheva dans l'isolement une carrière parlementaire brillamment commencée. Moins opportunistes, et d'un socialisme plus indépendant, deux jeunes pasteurs : Gœhre et Frédéric Naumann, de Francfort, semblaient, en créant le « Parti National Social » être voués au succès; politiquement parlant, leur tentative échoua cependant, le rapprochement qu'ils préconisaient entre les classes ne se réalisa point. Malgré ces échecs répétés, l'idéal social du Christ, divulgué et propagé, allait s'infiltrer dans les églises luthériennes et calvinistes d'Outre-Rhin : des associations d'études se formèrent de tous côtés, et les questions économiques y furent examinées à la lumière des évangiles. Eu résumé, toute cette ardeur s'épancha surtout en discussions théoriques, et, dans la pratique, n'aboutit qu'à des manifestations éparses et clairsemées de solidarisme chrétien.

C'est une méthode tout opposée qui prévaudra aux Etats-Unis, pays réalisateur, peu enclin aux divagations métaphysiques et aux discussions oiseuses.

C'est au pasteur Channing, fondateur de l'Unitarisme, qui lutta énergiquement contre la traite des Noirs, que les Américains du Nord doivent leur conception d'un christianisme moderne socialisé. Les unitariens, qui poussent jusqu'en ses dernières conséquences le principe de libre examen, introduit par la Réforme, ont instauré un véritable rationalisme chrétien : le miraculeux et le surnaturel, lorsqu'ils sont incompatibles avec la science, sont délibérément écartés ; la relativité des articles de foi étant admise, les vertus morales seules sont essentielles et immuables, elles sont à la fois la sève, et le reflet d'une vie intérieure sanctifiée. « Nous n'avons » — écrit Channing à M. de Gerando, en 1831 — « ni credo, ni symbole établi : chacun y pense par soi-même et diffère d'autrui... du moment qu'on admet le jugement individuel, la vérité religieuse rentre dans la classe de toutes les vérités humaines, devient propre à chaque individu suivant le degré et l'effort de son esprit, nous rapproche, selon la mesure de nos forces, de la vérité que nous ne posséderons que dans le ciel ». Chrétien social, plutôt que socialiste, Channing lutte contre toutes les forces qui oppriment l'individu et qui le font déchoir : aux riches, il reproche leur égotisme et leur incompréhension et il incite les pauvres à se libérer de toutes les causes volontaires de dégradation. Les protestations qu'il éleva nous semblent aujourd'hui timides et modestes, elles ont pourtant été lourdes de conséquences; elles ont ouvert la voie aux réformes contemporaines. De la religion, il fit une éthique, ses successeurs en feront une économie sociale. Désormais, on comprendra selon la forte expression de Josuah Strong que « la religion doit sauver *tout* l'homme et *tous* les hommes ».

Les groupements protestants sociaux vont se multiplier. En 1889, ce sont les « Chrétiens Sociaux », en 1893, se fonde la « Fraternité du Royaume »; le professeur Walter Rauschenbusch, auteur d'un livre réputé sur « Le Christianisme et la Crise sociale » en est l'animateur. L'idée fondamentale de l'association, c'est celle du Royaume Dieu à réaliser ici-bas ; dans ce but, les adhérents s'engagent 1° « à ne pas séparer le salut de l'âme individuelle du salut de la collectivité » — 2° « à être capables d'enthouiasme pour une grande cause et de sacrifice personnel dans l'action ».

Collectiviste, le pasteur Herron révolutionne en 1893 la ville de Lake City par son sermon fameux sur « le message de Jésus aux riches ». Il paraphrase audacieusement le Nouveau Testament assimilé à un manuel socialiste, qui condamnerait toute appropriation individuelle; le geste de Jésus, chassant les vendeurs du Temple, serait de cette thèse une illustration frappante! Il ne craindra pas d'affirmer que pour réaliser le christianisme « il faudrait une démocratie industrielle et c'est là la conclusion à laquelle aboutit le Sermon sur la Montagne ».

Le Révérend Sheldon, lui, n'est pas marxiste : il attend plus de la purification des mœurs et de l'éveil des consciences, que des bouleversements révolutionnaires. On sait à quel stratagème il recourut pour intéresser ses paroissiens aux questions sociales : chaque dimanche il leur lut un chapitre du roman qui, sous le titre de « In his steps » devait connaître une célébrité mondiale. Ce livre empruntait ses matériaux à la réalité, car durant toute la semaine, afin de se documenter sur les hommes dont il voulait décrire les misères ou les joies, le pasteur se mêlait à eux, remplisant à tour de rôle les fonctions d'employé, d'ouvrier, de manœuvre, etc... Il exposa à ses auditeurs l'antimonie scandaleuse qui existe entre la vie mondaine, professionnelle ou familiale, de la majorité des hommes respectables, et les devoirs que devrait leur imposer leur qualité de chrétiens. « Rejetons », s'écriait-il, « notre égoïsme, sous quelque forme qu'il déplaise à Dieu, et, si nous commençons demain à mettre en pratique cette résolution, en paroles et en actes, nous révolutionnerons la ville dans ses affaires, ses églises, ses écoles, ses maisons ».

Prenant le contre-pied de Herron, Peabody se refuse à considérer le Christ comme un réformateur social ou à chercher dans la Bible les éléments d'un programme économique. Il ne voit dans le Messie — et les protestants français s'accordent avec lui sur ce point — qu'un Rédempteur des âmes, qui ne s'est en aucune façon préoccupé de la manière de produire ou de répartir les richesses. « Ce que Jésus a eu en vue pendant toute la durée de son existence, ce n'était pas la réorganisation de la société, mais la révélation faite à l'âme humaine de la relation qui l'unissait à Dieu. Il n'a pas été un réformateur, mais un révélateur : il ne faut pas voir en lui un tribun social, porteur d'un programme, mais un contemplateur d'idéal placé en face d'une mission déterminée ».

Sur le principe du salut collectif on édifie des Eglises Institutionnelles : leur organisation est, sur une plus vaste échelle, analogue à celle de leurs sœurs d'Angleterre. Elles attirent le peuple à elles par leurs ressources innombrables, elles répondent à tous les besoins : chez elles le sacré s'allie au profane, le recueillement voisine avec la gaieté, telle église de

New-York prévoit dans ses salles jusqu'à 70 réunions en une seule journée dominicale. On comprend que pour piloter une pareille entreprise, il faut que les pasteurs soient en même temps des hommes d'affaires, et des sociologues.

Réuni en 1908 à Philadelphie, le *Conseil Fédéral des Eglises du Christ* auquel adhèrent 30 sectes protestantes, décidait de revendiquer et d'appuyer un certain nombre de réformes, celles en particulier qui concernent la condition de l'ouvrier, la protection et la sécurité de l'enfant et de la femme. Il se prononçait en faveur de l'abolition du travail des enfants, de la limitation du travail des adultes, d'un salaire minimum (living-wage) de mesures de conciliation et d'arbitrage dans les conflits industriels, etc.

La solidarité chrétienne, qui franchit les enceintes des églises, dépasse largement aussi la zone d'influence des institutions religieuses, elle s'insinue jusque dans le monde industriel et commercial et tend à humaniser les relations qui existent entre les employeurs et leurs subordonnés. Ce n'est pas à dire que tous les patrons, dans leurs efforts de « social betterment » soient guidés par une foi personnelle très ardente, mais tous ceux qui sont de vieille souche américaine, descendent plus ou moins directement des Huguenots de France ou des Puritains d'Angleterre: ils ont hérité de leurs aïeux un vif sens de leurs obligations, un désir éperdu de justice comme de liberté. On sait que la lutte des classes est presque inconnue aux Etats-Unis, que les ouvriers peuvent aspirer aux fonctions les plus hautes, que leur niveau social (standar of life) est très supérieur à celui de leurs frères d'Europe, que la politique des hauts salaires rendue possible par une production intensifiée par la standardisation et l'emploi d'un outillage perfectionné, permet aux prolétaires, sans sabotage, ni action syndicale violente, de s'élever progressivement et d'améliorer leurs conditions d'existence. Le réalisme idéaliste et l'intuition psychologique de quelques grands chefs d'entreprise leur a permis d'attacher à ce que l'un d'entre eux M. B.-J. Rowntree a appelé le « facteur humain en affaires, toute l'importance qu'il comporte dans l'accroissement du rendement individuel. Tous les capitaines d'industrie n'ont certes pas eu pour mobile, comme le voulait Strong, la christianisation du monde économique, mais tous ont été amenés à reconnaître qu'ils étaient récompensés en rendement et en bénéfices, des sacrifices consentis en faveur des travailleurs. Ménageant la susceptibilité et la dignité de leurs subalternes, ils ont rendu leur tâche plus attrayante en leur faisant comprendre les ressorts de l'entreprise ; ils ont examiné avec bienveillance leurs suggestions techniques, ils se sont concertés avec leurs représentants pour régler dans un sens équitable, les questions d'hygiène et de sécurité et le barême des salaires ; ils ont consacré des sommes importantes à la construction de logements coquets et salubres, à l'aménagement de terrains de sports ou de jardins d'agrément : philanthropes discrets, ils ont su se retirer au moment voulu, abandonnant la direction et la gestion des institutions sociales à ceux qui en étaient les bénéficiaires.

Si la situation de l'ouvrier américain est relativement large et aisée aujourd'hui, il le doit à la sagesse et à la clairvoyance de ses chefs, à sa propre modération, et aussi, dans une certaine mesure, au rayonnement du christianisme social.

B. *Le Mouvement en France.*

A ce grand élan d'entr'aide sociale, la France, nation démocratique et généreuse entre toutes, ne pouvait demeurer étrangère, mais, fille de la Révolution, elle est aussi, fille aînée de l'Eglise, aussi ses accents ont-ils une autre résonnance. Tour à tour elle élève la voix, ou observe le silence, selon que lui viennent de Rome des remontrances ou des encouragements, des louanges ou des blâmes. Avec Le Play et l'Ecole de la Réforme Sociale, les catholiques en sont encore au stade du paternalisme ; avec le Comte de Mun et les cercles d'ouvriers, ils s'orientent insensiblement vers la gauche, mais c'est surtout sur l'Encyclique *Rerum Novarum*, dont le retentissement fut immense, que s'édifiera le Catholicisme Social. Léon XIII s'y pose en défenseur des classes laborieuses et opprimées, il réclame pour elles une législation protectrice, le droit de coalition, un salaire minimum qui tienne compte aussi bien des besoins de l'ouvrier que du travail fourni par lui. Stimulés par l'attitude du Souverain Pontife, les catholiques étudient les lois sociales en gestation, et se répandent en œuvres nombreuses ; ils fondent des syndicats confessionnels dont certains sont mixtes, et, par l'intermédiaire de corps professionnels réorganisés, réplique des corporations médiévales, ils espèrent faire prévaloir un ensemble de réformes dont ils tracent les linéaments. Ils louent sans réserve les coopératives de crédit, mais à l'égard des sociétés de consommation, ils n'éprouvent qu'une sympathie mitigée, car ils redoutent que ces dernières ne portent ombrage au petit commerce et à la petite industrie dont ils propagent les mérites. Partisans convaincus du ralliement, les démocrates chrétiens désirent collaborer avec tous les républicains sincères, dans un esprit de tolérance et de conciliation réciproques ; soulevant l'enthousiasme d'une jeunesse vibrante Le Sillon rêve de rapprocher les classes dans un grand élan de collaboration fraternelle. Dix ans plus tard Le Sillon, condamné par Pie X, était dissous, mais l'action syndicale et corporative ne cessait de se développer et les semaines sociales étaient en plein essor. Décimés par la guerre, les Syndicats Chrétiens se sont relevés rapidement, ils comptaient en 1922 plus de 120.000 membres.

Les protestants, qui ne sont en France qu'une faible minorité puisqu'avec l'appoint des provinces recouvrées, ils sont un million à peine, ont fait preuve proportionnellement à leur nombre, d'une activité sociale remarquable. Parmi eux, c'est encore une minorité qui se rattache au mouvement dit du christianisme social. Bien que faible numériquement, et disposant de ressources fort modiques, ce groupement a exercé sur les Eglises Réformées une action certaine, il leur a communiqué ce qu'un auteur a appelé: l'inquiétude du temps présent.

« Quand dans un moment donné », écrivait le pasteur Roger Hollard, « se produit un mouvement qui tend à l'établissement d'une justice supérieure, et que ce n'est pas la religion qui prend la tête de ce mouvement, la religion porte à son propre crédit une atteinte plus profonde et plus durable que ne peuvent le faire les attaques les plus passionnées venues du dehors. » C'est parce que quelques hommes éminents par la culture et par la foi, approfondirent cette pensée, que naquit en 1887 *l'Association-Protestante pour l'Etude Pratique des questions sociales.*

A la suite d'un rapport présenté par M. Gouth à la Conférence Evangélique d'Alais, sur « Le pasteur et les questions sociales », M. Babut proposa de convoquer une conférence spéciale dans une ville du midi de la France : ce vœu fut repoussé, mais l'idée fut reprise l'année suivante par le pasteur Gouth lui-même. A cet effet, et sur les conseils de son ami Fallot, il adressa à tous ses collègues français et à un grand nombre de laïques, une circulaire dans laquelle il faisait ressortir la portée des questions sociales, et l'intérêt qu'il y aurait à se grouper dans un but d'étude et de documentation. L'appel fut si chaleureusement accueilli qu'on décida sans tarder de mettre le projet à exécution. L'Association débutait avec 280 membres et la première assemblée réunie à Nîmes en 1888 votait les statuts proposés. Le bureau se constituait avec M. Fallot comme président et M. Ch. Gide comme vice-président, les pasteurs Gouth et Comte remplissaient les fonctions de secrétaires. De hautes notabilités protestantes adhérèrent à la société qui compta dans ses rangs : des philosophes, tels que Renouvier et Secrétan; des économistes, tels que MM. Gide et de Laveleye, des industriels comme MM. Richard Waddington, G. Steinheil, Jules Siegfried; des hommes politiques ou des philanthropes comme MM. de Pressesnsé, Charles Robert et M. de Boyve, qui en fut pendant trente années consécutives le président dévoué. Au Congrès de Nîmes, M. Fallot prononçait un discours inaugural sur ce sujet de brûlante actualité : « Protestantisme et Socialisme » ; l'association définissait son objet et son inspiration dans des articles qui constituent avec la « Déclaration de Besançon » la véritable charte du protestantisme social de langue française. *L'Article 2* des statuts indique « que la Société fait appel, sans distinction d'opinion à tous les protestants, hommes ou femmes, qui comprennent leurs responsabilités et leurs devoirs en face des souffrances et des périls de la société actuelle, et qui sont résolus à poursuivre dans l'organisation de la société, aussi bien que dans la vie des individus, l'application des principes de justice et d'amour proclamés par Jésus-Christ. »

ARTICLE 3. — « Elle se propose d'aider ses membres dans l'étude de la science économique et des divers essais de réforme sociale. »

ARTICLE 4. — « Se plaçant avant tout sur le terrain moral et religieux, elle s'applique à rechercher et à mettre en lumière tout ce qui, dans l'ordre des choses existant, est contraire à la justice et à la solidarité, tout ce qui est de nature à empêcher le développement moral et religieux de l'individu, et, par conséquent, son salut. »

ARTICLE 5. — « Son ambition est de travailler à la réparation des maux dont nous souffrons, en indi-

·quant aux chrétiens leurs devoirs sociaux, en suggé-
rant à leur initiative des œuvres de fraternité et de
relèvement, et en agissant sur l'opinion et sur les
pouvoirs publics pour déterminer les réformes néces-
cessaires. »

Les ARTICLES 7 et 8 stipulent qu'une assemblée générale se réunira tous les ans ou tous les deux ans et
que l'association sera dirigée par un comité composé
de 21 à 30 membres.

ARTICLE 10. — Le comité a pour tâche : 1° De créer
et d'entretenir une bibliothèque circulante, composée
de publications d'économie politique et de science
sociale à l'usage de tous les membres de l'association.

2° De provoquer des études sociales, théoriques et
pratiques, principalement par des concours.

3° D'entreprendre ou d'encourager la publication
de ces études sociales dans des brochures ou des
écrits périodiques.

4° De constituer dans les milieux protestants des
groupes d'étude et d'activité sociale.

Des rapports devaient être discutés au cours des
assemblées, mais on ne devait pas voter de résolution, afin de laisser à chacun une complète indépendance intellectuelle. Comme son nom l'indique, la nouvelle société visait essentiellement l'étude et les
échanges d'idées entre protestants et sympathisants
mus par le désir de s'instruire et de rechercher en
commun les solutions les plus propres à remédier aux
maux sociaux et moraux de l'heure. En réalité, elle·
n'atteignit que l'élite de la bourgeoisie et n'eut ja-
·mais un caractère populaire. Impartiale et objective·
par principe, elle se garda de formuler une doctrine·
précise ou de souscrire à un credo économique déterminé, mais elle ne cacha pas ses sympathies pour la,
·Coopération et pour la Participation aux Bénéfices,
ces tendances étant d'ailleurs représentées dans son
sein par leurs principaux instigateurs. Son éclectisme
et sa modération lui nuirent, car ainsi que M. Gide·

l'expliquait au Congrès de Marseille : « Trop chrétienne pour les ouvriers, elle est trop sociale pour les
bourgeois, et elle poursuit ainsi sa route entre deux
palissades, contemplée par des yeux inquiets à droite,
et défiants à gauche... Ni défaitisme social, ni jusqu'auboutisme social, telle serait notre formule. »

On ne saurait méconnaître sans injustice les services manifestes rendus au protestantisme par
« *l'Association pour l'Etude des questions sociales* »;
ses Congrès qui eurent lieu dans les principales villes
de France (1) et qui ont repris avec la paix, examinèrent avec impartialité et méthode les questions
morales et sociales les plus urgentes, et les réformes à proposer. Si l'on parcourt les comptes-
rendus des séances, on constate que leurs investigations s'aventurèrent un peu dans tous les domaines.
Le Patronat Social, le Coopératisme, l'Actionnariat
ouvrier, le Syndicalisme, le Marxisme, les Assurances
sociales, la Législation industrielle, la Mutualité, la
Recherche de la Paternité, la Sécurité des travailleurs, l'Hygiène, les Logements à bon marché, etc.,
etc., furent l'objet de rapports consciencieux et circonstanciés. Au point de vue moral, on aborda résolument les dangers et les fléaux que constituent la
dépopulation, la désertion des campagnes, l'alcoolisme, les intoxications, la pornographie, la prostitution et l'immoralité sous toutes ses formes. Malgré le
rôle purement théorique qui lui était statutairement
imposé, ce groupement organisé par M. Gouth, a
donné naissance indirectement à de nombreuses ligues et institutions, dont il a suscité la création, en
stimulant des initiatives, en encourageant des bonnes volontés hésitantes, en déterminant des vocations.

Presque simultanément et sans entente préalable,
paraissait la *Revue de Théologie Pratique* destinée à
se transformer en *Revue du Christianisme Social*, qui

---

(1) Nîmes, Lyon, Montbéliard, Marseille, Montauban, Bordeaux, Paris, Rouen, Nantes, Le Havre, Strasbourg, etc.

allait, sous la direction de M. Chastand et de M. Gounelle, exposer les tendances et les aspirations fondamentales des protestants sociaux.

Quelles furent les origines du Christianisme Social, où chercha-t-il ses inspirations, c'est ce qu'il importe maintenant de déterminer.

Soumis au principe de causalité, les mouvements d'opinion ne surgissant pas en vertu d'une génération spontanée et miraculeuse; ils se produisent lorsque certains événements entrent dans une phase aiguë, ils se manifestent en réaction contre le milieu ambiant, ils sont la résultante de méditations distinctes que le hasard semble faire concoder. La période de lente et obscure germination qui les précède est l'œuvre de pionniers, le plus souvent isolés et inconnus les uns des autres, qui ouvrent la voie aux entreprises fécondes de l'avenir. Le Christianisme Social a lui aussi ses précurseurs. Nous avons vu à l'œuvre Oberlin et Neff, les industriels d'Alsace, et les chrétiens du Réveil, voici maintenant des hommes plus proches de nous par leur éducation et par leurs inquiétudes. On ne saurait passer sous silence le nom d'Edmond de Pressensé et celui de sa compagne, femme de vive intelligence et de grand cœur, fondatrice de « l'œuvre de la Chaussée du Maine », à qui un historien de talent a pu rendre ce touchant hommage : « Je n'ai jamais rien fait, ni pour le peuple, ni pour les pauvres, je n'ai jamais fait un effort désintéressé sans avoir pensé à elle et m'être mis, pour ainsi dire, sous son regard. »

Républicain fervent, le pasteur de la Chapelle Taitbout, se lia d'amitié avec des leaders socialistes et sauva la vie de Benoît-Malon pendant la Commune. Au lendemain de la guerre de 1870, il ouvrit plusieurs clubs dans des quartiers ouvriers et présida au Faubourg du Temple et au Faubourg Saint-Antoine des réunion populaires où tous les sujets politiques et religieux étaient librement discutés. A la

même époque, il inaugura dans son église une série
plication aux questions sociales », au cours desquelles
plication aux question sociales », au cours desquelles
il exposa avec hardiesse son credo économique. Elu
représentant du peuple en 1871, avec 70 de ses coreligionnaires, il partagea dès lors son temps entre des
œuvres de charité ou d'évangélisation, et les fonctions de sa nouvelle charge.

Au Parlement, il déploya une grande activité en
faveur de toutes les lois de protection ouvrière et
appuya la proposition Bérenger sur la Recherche de
la Paternité. Il intervint encore pour réclamer la
stricte application des mesures de répression légale
contre les publications obscènes et la pornographie.
Journaliste apprécié, il collabora aux *Débats* et au
Temps, ce fut lui qui se chargea de rendre publique
la lettre fameuse par laquelle le Père Hyacinthe en-
trait en rébellion contre Rome.

Tandis que M. Edmond de Pressensé, orateur, homme politique et ministre du culte, défendait dans
toutes les tribunes la cause du socialisme chrétien,
M. Ch. Bois, doyen de la Faculté de Théologie de
Montauban, s'adressait à des auditoires plus res-
treints. Enseignant la théologie pratique il institua
une chaire de *statistique sociale* et forma une pépi-
nière de jeunes pasteurs rompus aux questions économiques et initiés au message social de l'Evangile.

CHAPITRE VII

*Fallot et la « Société d'Aide Fraternelle ». — La
Commission d'action Morale et Sociale. — L'Action Chrétienne Sociale et la Déclaration de Besançon. — Le Congrès de Stockholm.*

C'est surtout avec Tommy Fallot que la doctrine
du Christianisme Social prendra corps, il en sera
l'initiateur et, avec les pasteurs Gounelle, Comte et
Wilfred Monod, le théoricien.

Petit-fils par sa mère de Daniel Legrand, c'est au
pays d'Oberlin, au Ban de la Roche, que naquit Fallot, et c'est aussi en Alsace, dans la petite commune
de Wildesbach qu'il débuta dans le ministère pas-
toral. Il sut prendre de l'ascendant sur les humbles
paysans qui étaient ses paroissiens et, comme Neff
autrefois, suscita parmi eux un réveil religieux. Cependant sa puissante personnalité le destinait à jouer
dans le protestantisme un rôle prépondérant : dès
1876, l'Eglise Indépendante de la Chapelle du Nord
l'appelait à Paris pour succéder à Frédéric Monod.

Depuis plusieurs années, Fallot était devenu socialiste, mais, réprouvant les incitations à la violence
des révolutionnaires, il rêvait d'un socialisme épuré
et élargi « un socialisme », écrit-il à Edmond de Pressensé, « aussi hardi que tous les autres, mais conforme en tous points au génie social du protestantisme; nous voulons aboutir à une doctrine large et
simple qui nous fournisse un critère pour examiner
la valeur de toutes les réformes réclamées, nous vou-

lons trouver les mots d'ordre qui nous aideront à
entraîner la partie la plus saine de notre peuple et
à l'arracher aux fascinations des sophistes ». Indi-
gné et attristé par la misère physique et matérielle
dans laquelle croupissent les travailleurs pauvres de
la capitale, il se révolte contre l'indifférence des bourgeois aisés, et ne cesse de stigmatiser leur coupable
insouciance. Homme d'action, il ne dilapidera pas son
énergie en vaines récriminations et en protestations
sans lendemain, il entrera lui-même dans la lutte et
tentera de briser les cadres d'un piétisme étriqué et
sans vie. Dans ses prédications à la Chapelle du Nord,
il aborde avec franchise le programme collectiviste
et ses rapports avec la doctrine chrétienne. Toute
transformation économique, pour être durable et via-
ble, devra s'appuyer sur la régénération et la conversion des âmes : son solidarisme sous-entend et présuppose le salut individuel, pierre de touche des communautés protestantes. « L'éternel honneur du Protestantisme reste, d'avoir jusque dans les dernières
de ses sectes, proclamé que la perle de grand prix,
c'est le secret individuel, autrement dit, d'avoir affirmé la valeur ineffable de l'âme humaine. Malheur
à nous si, cédant aux suggestions malsaines de notre
époque, nous faisons fi de l'individu; ou ne lui accordons d'autre valeur qu'une valeur sociale. » (1)

En 1882, Fallot qui compte parmi ses collabora-
teurs MM. Wagner et Raoul Allier, fonde la *Société
d'Aide Fraternelle et d'Etudes Sociales* qui groupe
travailleurs intellectuels et manuels, et étend ses ramifications sur plusieurs quartiers de Paris. Par ses
conférences-débats, ses réunions musicales et littéraires, elle ressemble aux futures universités populaires; par son idéal d'entr'aide et de mutuelle assistance, elle applique sous le couvert de la neutralité,
des principes de fraternité chrétienne.

------

(1) Marc Bœgner : *T. Fallot*, p. 205.

L'Article 1er *des statuts indique que « La Société d'Aide Fraternelle » « a pour but de grouper
« tous les travailleurs, hommes, femmes, enfants,
« sans distinction de nationalité. Elle souhaite d'as-
« surer aide et protection efficace à tout membre
« atteint par la maladie ou quelque autre accident.
« Elle prend en main la cause de tout sociétaire vic-
« time d'un déni de justice. Son ambition est de tra-
« vailler au relèvement matériel et moral de tous les
« hommes qui souffrent, en poursuivant par tous les
« moyens pacifiques et légaux l'abolition des iniqui-
« tés qui font obstacle au règne de la justice. »

Deux ans plus tard, une autre « *Société Fraternelle* » lui fera pendant, mais celle-ci aura un caractère nettement religieux et s'adressera aux fidèles de
sa paroisse. Elle « s'efforce de diriger l'attention de
ses membres sur les questions d'intérêt social qu'aucun disciple de Jésus-Christ n'a le droit d'ignorer »;
elle accorde aussi à ses adhérents un concours effec-
tif, et, par ses diverses branches d'activité : consultations médicales et juridiques, bureau de placement,
assistance aux malades, aux chômeurs, aux sans-travail, réunions familiales, etc..., elle tient à la fois du
settlement, de la société de secours mutuels et du club
populaire. Enfin, elle « développe l'esprit de solidarité, et tente de faire régner entre ses membres une
cordiale sympathie. »

A partir de cette époque, les études d'ensemble et
les aperçus théoriques sur les objectifs sociaux du
protestantisme, vont se multiplier.

Le pasteur Comte, le futur animateur de la « Ligue de la Moralité Publique », après avoir développé
à Montpellier un rapport sur « le rôle social du pasteur », expose devant quelques collègues réunis à
Saint-Etienne, la mission qui leur incombe s'ils veulent demeurer fidèles à la parole du Maître : « Dieu
ne veut pas qu'aucun de ces petits périsse. »

Au premier Congrès de « l'Association pour

l'Etude Pratique des Questions sociales ». M. Gide aborde le même sujet, et l'auteur de « l'Action Bonne », à propos de « Protestantisme et socialisme », développe quelques-unes des notions essentielles sur lesquelles le Protestantisme Social s'édifiera. Au cours de cet exposé, il réfute énergiquement les objections de certains chrétiens qui prétendent qu'en descendant dans l'arène et en se mêlant aux foules tumultueuses, les pasteurs risquent de se détourner de leur véritable but qui n'est que purement spirituel. Il s'indigne des réticences et des scrupules qui ne font que masquer une pusillanimité faite de lâcheté, et une crainte inconsidérée de l'action. « Si l'on se rend coupable de témérité en posant la question sociale et en travaillant à la résoudre », s'écrie-t-il, « le premier coupable fût à coup sûr Jésus-Christ. » (1) Ailleurs, il définira ce qu'est la question sociale : « Elle n'est autre chose que la question du milieu physique et moral le plus favorable à l'éducation de la créature humaine ». Les phénomènes d'interdépendance qui régissent la solidarité spontanée ou artificielle n'impliquent pas l'égalité des richesses et des aptitudes, mais ils ne s'opposent ni à l'égalité des droits, ni à celle des possibilités. Si l'individu agit sur le milieu, la réciproque est vraie également, et les postulats de Taine renferment une grande part de vérité. Lorsque le milieu dans lequel l'individu se trouve encastré est mauvais, lorsque l'atmosphère qui l'entoure est délétère, l'homme réagit par d'inévitables déformations et déviations qui l'empêchent d'accomplir sa destinée.

C'est pourquoi les socialistes, et Fallot avec eux, revendiquent pour chaque être humain un minimum de chances au départ, le moyen de s'élever sans épuisement complet et de mener une vie normale, saine et heureuse. M. Wilfred Monod ne réclame pas autre

____

(1) *Revue du Christianisme social*, 1889.

chose, lorsqu'il écrit dans la *Revue du Christianisme social* : « Ayant notre pain quotidien, nous réclamons pour tous le droit au pain : ayant une famille que nous connaissons parce que nous la voyons à d'autres moments que la nuit, nous réclamons pour tous le droit à la famille. Ayant notre repos hebdomadaire, nous réclamons pour tous le droit au repos. Ayant le temps d'être malade, nous réclamons pour tous le droit à la maladie. Ayant des livres, nous réclamons pour tous le droit à l'instruction. Ayant reçu le prix de notre âme par l'Evangile, nous réclamons pour tous le droit à la consolation, à la certitude, à la victoire sur l'égoïsme et sur la mort, en un mot, le droit au salut. » (1)

Le droit au salut pour tous, sera le pivot et le fil conducteur du protestantisme rajeuni ; il sera le critérium d'après lequel on jugera les systèmes économiques et les maximes de la morale courante. Les réformes qui n'atteignent que la surface des choses sont inopérantes, elles suffisent néanmoins aux politiciens qui oublient trop volontiers que la société est un agrégat de cellules individuelles, et que lorsque celles-ci dégénèrent et s'atrophient, l'organisme tout entier s'en ressent, et périclite à son tour. L'observation nous démontre surabondamment que l'homme naturellement bon de Rousseau, n'est qu'une fiction littéraire : dès son jeune âge, indépendamment même de toute éducation, il est en proie à des penchants plus ou moins pervers, dont la psychanalyse nous confirme la réalité.

Sauver l'homme pour sauver la société, transformer la société afin de faciliter à l'homme le salut : tels sont les deux aspects du problème que les chrétiens modernes se proposent de résoudre. Le protestant social, qui, d'après la définition de Fallot « com-

---

(1) Wilfred Monod : *Revue du Christianisme social*, 1897, p. 73.

prend et accepte dans toutes ses conséquences pratiques la doctrine fondamentale de saint Paul, sur le corps du Christ, et qui, persuadé que nous sommes tous membres les uns des autres, soumet ses désirs, ses pensées, ses actes à la loi maîtresse de la solidarité », ce protestant-là, libéré des outrances particularistes, sympathisera avec les associations libres et volontaires du type coopératif, tout en admettant provisoirement et dans certains domaines seulement, une ingérence protectrice de l'Etat qui doit donner aux contractants les garanties nécessaires, et faire appliquer sans défaillance les règlements qui visent l'intérêt général. « Il s'agit de mettre l'Etat au ser-
« vice de toutes les initiatives individuelles pour em-
« pêcher, d'un côté qu'elles ne se nuisent mutuelle-
« ment, pour les stimuler, d'un autre côté, dans la
« limite de la justice... Nous combattrons comme ini-
« ques toutes les lois qui diminuent la quantité ou la
« qualité des initiatives individuelles. » (1)

Dans « Simple Explication », que Fallot publia après s'être retiré de l'association de M. Gouth et de la « Ligue de la Moralité Publique », pour redevenir un simple pasteur de campagne, il insiste sur sa conception d'une Eglise renouvelée qui exigerait non une « religion du dimanche », mais une religion quotidienne et universelle, qui embrasserait toutes les attitudes et tous les actes de la vie du croyant et qui régnerait aussi bien dans le bureau, le chantier ou l'atelier, que dans la demeure familiale ou la Maison de Dieu.

Inspiré par la philosophie de Secrétan qui estime que la liberté ne se conquiert et ne se garde que *dans* et *par* l'association, le pasteur de Crest voudrait inculquer aux communautés protestantes une notion toujours plus élevée de la solidarité volontaire : il

---

(1) Fallot : Fragment du Journal d'un Pasteur. 2ᵉ Congrès de l'Association Protestante pour l'Etude pratique des Questions sociales.

voudrait voir les temples compléter leur activité religieuse par une activité sociale en s'adjoignant des
ligues ou des groupements d'assistance et de mutualité. Ainsi s'approprieraient-ils en la pratiquant, la
parole de l'apôtre : « Si un membre souffre, tous les
membres souffrent ; si un membre est dans la joie,
tous les membres sont dans la joie. »

A la doctrine du « *Salut Social* » s'associe inti-
mement celle du « *Royaume de Dieu* », dont le pasteur Wilfred Monod s'est fait l'interprète : « Cher-
chez premièrement le royaume de Dieu et sa justice »,
est-il dit, mais ce royaume où le trouvera-t-on ? Pour
les uns, il existe dans le domaine invisible de l'au-
delà, où les justes recevront en récompense de leurs
tribulations et de leurs souffrances terrestres, la cou-
ronne d'immortalité ; pour les autres, il se réalise
dans le cœur des hommes, dans la mesure où ceux-ci
deviennent parfaits, et sont en communion avec le
Christ. Dans l'Eglise Primitive, toute frémissante encore de l'idéal messianique des anciens prophètes,
prévaudra la conception eschatologique d'un royaume
terrestre et imminent, qui coïnciderait avec un retour
du Seigneur dans toute sa gloire, afin d'instaurer ici-
bas la Jérusalem nouvelle dont l'Apocalypse nous
trace par anticipation la radieuse image. Pour les
chrétiens sociaux, l'idée du Royaume a une portée
humaine, elle procède d'un messianisme à la fois
charnel et spirituel et exige l'élaboration d'une société régie par une loi divine de bonté et de justice.
« Lorsqu'ils disent : « Père, que ton règne vienne »,
ils n'entendent pas par là : que ton règne vienne au
ciel, car cette prière serait sans doute assez super-
flue, mais : qu'il vienne déjà sur la terre »... Lorsqu'is disent : « Donne-nous notre pain quotidien », ils
n'entendent pas par là, que chacun gagne sa vie
comme il le pourra ! mais pensent que beaucoup de
gens, de par le monde et même à côté d'eux, auraient

droit à avoir leur pain quotidien, et ne l'ont pas. » (1)

Ce royaume de Dieu, destiné à commencer sur la terre pour s'épanouir ensuite dans l'éternité, il n'appartiendra pas à ceux qui se complaisent dans la résignation et dans la défaite, et qui maintiennent les victimes dans leur abaissement. Il sera le tribut des lutteurs et des vaillants qui s'astreignent à une tâche ingrate et magnifique : celle de christianiser le monde, c'est-à-dire, pour employer les termes de Fallot « acquérir l'intelligence véritable de l'Evangile, afin de faire passer celui-ci dans les lois et dans les institutions. »

Les églises ne commettront pas l'erreur de se prendre elles-mêmes pour fin, elles ne seront entre les mains de Dieu que des truchements fidèles, de dociles instruments qui préparent son avènement.

« Heureux ceux qui ont faim et soif de justice », « car ceux-là ont une conception héroïque de la vie, un parti pris de droiture sans équivoque, de miséricorde, sans rémission, et de protestation sans défaillance » (1), grâce à eux on peut nourrir l'espoir de voir un jour luire l'aurore « Sur une terre nouvelle où la justice habitera » (2).

Les calvinistes d'autrefois n'envisagèrent peut être avec quelque dédain les biens matériels, que parce qu'eux-mêmes en étaient rarement dépourvus, du moins eurent-ils le mérite de mettre en lumière la vanité des richesses humaines. Pendant longtemps, leur imagination fut hantée par la vision du pèlerin de Bunyan, voyageur solitaire qui traverse cette vallée de larmes, les yeux levés au firmament, s'allégeant à chaque étape, du lourd fardeau de ses péchés. Cet idéal de salut personnel qui a guidé des générations entières de chrétiens dont la vie n'a été

---

(1) Gide : *Revue du Christianisme social*, 1897.
(1) W. Monod : *Congrès de l'Association pour l'Etude pratique des Questions sociales*, 1909.
(2) Matthieu VI : 33.

qu'un long effort de sanctification, semble périmée, ou du moins incomplète, au regard de nos contemporains pressés par l'angoisse réalité de chaque jour. Ils s'arrachent aux spéculations abstraites qui les ont trop longtemps absorbés et s'engagent sans regrets dans le chemin de l'expérience sociale. Quand il s'agit de leur prochain, ils ne considèrent plus le corps humain comme une périssable guenille, ils le respectent comme le temple de l'esprit et l'enveloppe matérielle de l'âme. Ce corps, ils le voudront selon la norme, sain et vigoureux, à l'abri des privations, soustrait aux travaux qui exigent de sa résistance physique un rendement qui l'épuise, enfin, nourri et logé selon les données de l'hygiène, affiné selon celles de la loi morale. Un grand prédicateur protestant, le pasteur Bersier mettra le doigt sur les plaies les plus criantes qu'une conscience sincère ne peut méconnaître sans indignité : « Si vous êtes chrétiens, il y a à vos yeux un minimum auquel tout homme à droit : c'est la faculté de pouvoir vivre en sauvant son âme. Eh bien, j'affirme, après avoir posé cette parole devant Dieu qui m'écoute, qu'il y a de telles conditions où cela est impossible à moins d'un miracle. Il y a un degré de misère où l'on perd fatalement tout sentiment de dignité : il y a dans les manufactures une promiscuité qui tue la pudeur et souille l'âme : il y a dans le travail des enfants condamnés à nêtre plus que des rouages, un obstacle absolu à leur développement moral. »

En voulant moraliser l'ordre social, le chrétien se fait l'allié de Dieu, afin de faire triompher la Vérité qu'aucune formule ne peut enclore puisqu'elle est à l'état de perpétuel devenir, qu'elle « marche et qu'elle palpite » (1), et qu'elle est tout à la fois « un chemin et une vie ». Avant de souscrire à un système déterminé, l'homme social délibère en son for inté-

---

(1) El. Gounelle.

rieur; en proie à l'indignation et à la pitié, accablé par le sentiment de son impuissance, il surmonte néanmoins les vagues de découragement qui risquent de saper son énergie, et il recourrait volontiers aux solutions outrées et téméraires, si son jugement n'avait raison de ses ardeurs de néophyte. Il est un point sur lequel les adeptes du Christianisme Social sont unanimes : c'est que tout être humain a droit à un minimum de bien-être et de loisirs, indispensables à la culture de son intelligence et de son âme ; minimum qui permet l'éclosion de ses facultés et de ses aptitudes et grâce auquel il doit échapper à la constante appréhension du lendemain qui accapare sa pensée et absorbe son énergie. Ils sont d'accord pour affirmer que, dans une société civilisée, il ne devrait pas exister une catégorie d'individus « qui sont sans cesse sur le bord du paupérisme et pour qui le problème d'existence est un problème d'équilibre ils marchent toujours sur la corde raide et sans balancier, et il suffit d'un moment d'oubli, d'un faux pas, ou du moindre choc pour les précipiter dans ce gouffre du paupérisme toujours béant sous leurs pas. » (2)

C'est dans le choix des moyens que les divergences se manifestent : certains condamnent toute appropriation individuelle, comme injustifiable et contraire aux préceptes évangéliques; ils invoquent à l'appui de leur thèse le communisme de l'Eglise Primitive. D'autres veulent étatiser les objets qui contribuent à la production, mais ils admettent la propriété personnelle des biens de consommation, de certains outils et mêmes d'ateliers familiaux. La socialisation que préconisent ces collectivistes chrétiens serait du reste progressive et pacifique. D'aucuns enfin, — et ils sont les plus nombreux — voudraient substituer l'association libre à l'entreprise privée, en optant

---

(2) Gide : *Travaux de l'Association Protestante pour l'Etude pratique des Questions sociales. Congrès de Nîmes.* p. 15.

pour le coopératisme, mais en admettant néanmoins les interventions législatives lorsque celles-ci sont conformes à la justice et au progrès.

Le Christianisme Social refuse d'être assujetti à aucune église, car son prosélytisme est désintéressé ; il n'est pas une doctrine figée, mais un mouvement qui cherche son inspiration dans le témoignage intérieur et dans les enseignements du Christ historique. Tout en rejetant l'autorité infaillible de la Bible, il prétend dégager l'esprit des textes sacrés, et retirer de leur étude le suc vivifiant qui nourrira son activité extérieure. Il reproche aux cultes officiels leur passivité et leur intransigeance ; le fatalisme sous toutes ses formes lui répugne et la non résistance au mal fût-elle prêchée par le sage d'Isnaiä Poliana, lui paraît une erreur et un danger. Réapprendre à la démocratie le message rénovateur du Christ, tel est son but. Avant de se lancer à l'assaut de la société moderne et de ses iniquités comme leurs aïeux couraient sus aux Infidèles, les chrétiens rentreront en eux-mêmes, ils feront leur mea culpa, car ils savent, avec de Laveleye, que « si le christianisme était vécu conformément à l'esprit de son fondateur, la pauvre organisation sociale actuelle, ne durerait pas un jour. »

Dans l'étude présentée à la Conférence Internationale de Stockholm, sur le rôle social des églises, M. Gounelle se basant sur les trois principes fondamentaux : 1° de la valeur infinie de la personne humaine ; 2° de la responsabilité de toute personne humaine, à commencer par la plus favorisée ; 3° de la solidarité et de la fraternité, — s'élève contre la concurrence telle qu'elle existe dans le régime capitaliste actuel, et revendique pour tout travailleur, le droit de posséder, qu'il considère comme étant la conséquence du « droit au salut ». « Sanctifiez la production et la consommation, donc le travail, le repos et la propriété, aussi bien celle qui confère la puissance que celle qui procure la jouissance » (1). C'est dire qu'il faudra combattre l'alcoolisme, l'immoralité, les exagérations d'un luxe malfaisant, etc.

En tant que rapporteur de la Délégation Française, il suggère les thèses économiques suivantes :

1° « Le but suprême des chrétiens en ce qui concerne l'industrie et le commerce devrait être la substitution du motif de service au motif du gain.

2° « L'industrie devrait être un effort coopératif suffisant pour subvenir aux besoins de tous. Cela n'implique point un type particulier d'organisation universellement appliquée, cela implique un perpétuel effort pour trouver l'organisation la plus appropriée à chaque industrie.

3° « L'industrie devrait être organisée de telle manière que tous ceux qui y sont engagés aient une voix de plus en plus effective dans la détermination des conditions de leur travail et de leurs existences.

4° « La première charge de l'industrie devrait être une rémunération suffisante pour garantir à l'ouvrier et à sa famille, santé et dignité.

5° « Les maux du chômage sont intolérables au sens moral : les causes devront en être recherchées et supprimées.

6° « L'extrême richesse et l'extrême pauvreté, sont inadmissibles. Le monde chrétien implique une plus juste rétribution.

7° « La justification morale des divers droits qui constituent la propriété dépend du degré où ils contribuent au développement de la personnalité et au bien de l'ensemble. Si tels droits sauvegardent ces buts ils méritent l'approbation des chrétiens, sinon il faut les abolir ou les modifier.

8° « Le devoir du service est également obligatoire pour tous. Aucune richesse héritée ne saurait dis-

____

(1) *Revue du Christianisme social*, août 1925, p. 657.

penser un membre de la société chrétienne, d'établir son droit à la subsistance, par le service. »

En aucun cas, les églises ne s'inféoderont à un parti ou à une école, car elles abdiqueraient ainsi leur indépendance et seraient moins qualifiées pour a·puyer, le cas échéant, telle mesure ou telle réforme que leur conscience les incite à défendre et à approuver. Parmi les revendications que M. Gounelle recommande à ses coreligionnaires, on peut citer : la protection des faibles, l'hygiène et la sécurité des ateliers,le droit syndical, le droit au contrôle des conditions de travail, l'application de la journée de huit heures, etc., etc.

Il ne s'agit nullement d'ailleurs pour l'Eglise Chrétienne d'être l'esclave d'une classe, l'avocat d'une seule cause, celle du prolétariat : elle accordera son assistance à toutes les catégories de citoyens et ne ménagera pas sa sympathie aux dirigeants et aux chefs d'entreprise lorsque ceux-ci sont à la hauteur des responsabilité qu'ils assument.

Le rapporteur enregistre avec satisfaction les résultats obtenus par le « Welfare Work » des anglo-américains et le service social de certaines usines françaises ; il constate les déclarations concordantes des Rockfeller, des Schneider, des Rowntree, etc. qui concluent à la nécessité d'une coopération fraternelle entre patrons et ouvriers et qui n'ont, du point de vue du rendement et de la production, qu'à se félicit·· des améliorations introduites par eux en faveur de leurs subalternes. La législation protectrice du travail qui n'acquière une efficacité réelle qu'en s'internationalisant, les conférences du travail, et le Bureau International institué par le Traité de Versailles, méritent d'être encouragés. Le délégué de la France exhorte les représentants de la chrétienté, réunis à Stockholm à intervenir énergiquement : dans la lutte contre le taudis, contre la mortalité infantile, le chômage involontaire, l'alcoolisme et la débauche ; il leur demande avec instance d'agir sur les pouvoirs publics et de prendre parti ouvertement : 1° contre la traite des femmes blanches et de couleur ; 2° contre la prostitution réglementée; 3° contre la pornographie et l'immoralité en général.

C'est, en somme, à une application large du solidarisme chrétien que M. Gounelle convie ses auditeurs. Ce solidarisme, on peut, sans l'amoindrir, lui appliquer la formule que Mazzini attribuait à la démocratie : « Le mouvement démocratique », écrivait-il, « n'est qu'un essai de réalisation pratique de cette demande de l'oraison dominicale « Père, que ta volonté soit faite sur la terre comme au ciel »; l'objet qu'il a en vue c'est d'élever la société humaine au même niveau que cette patrie céleste où tous sont égaux et parfaitement heureux ; ce but qu'il poursuit, c'est que tous soient initiés au banquet de la vie, que les barrières et les privilèges qui les empêchent d'en jouir soient abolis : que l'égalité vraie règne sur la terre, que l'humanité s'améliore et que l'homme lui-même grandisse et s'élève à un idéal supérieur. » (1)

En France, nous avons vu les protestants s'initier aux sciences économiques, sous l'égide de « *l'Association pour l'étude pratique des questions sociales* » ; mais cette société (qui n'était pratique que de nom), ne pouvait combler les aspirations des plus actifs de ses membres. Depuis 1897, existait déjà une *Commission d'action morale et sociale* nommée par les délégués de l'Eglise Réformée, et présentant, de par sa constitution même, un caractère confessionnel et ecclésiastique. Cette Commission, par l'entremise de son « Bureau d'enquêtes », adressait à tous les pasteurs un questionnaire, en les priant de communiquer leurs suggestions sur les campagnes sociales ou moralisatrices à entreprendre. Un autre

____

(1) Mazzini : *La Démocratie en Europe*, VII, p. 115.

bureau fût chargé d'organiser des conférences de propagande, tandis que le bureau de la presse eût pour mission de renseigner la presse politique sur le protestantisme français, et de rectifier les articles erronés ou tendancieux qui lui seraient signalés.

Ce Comité ne pouvait pas satisfaire les exigences des jeunes chrétiens, socialistes ou socialisants, qui avaient hâte de se dépenser et de se dévouer aux côtés de leurs frères incroyants, et qui souhaitaient organiser un groupement dont le programme bien défini serait religieux, sans être confessionnel. A l'occasion des réunions de Livron, en 1909, ils demandèrent à l' « *Association Protestante* », qui accéda aussitôt à leur désir, de consacrer son prochain Congrès à un examen général du problème économique et social, et ils votèrent avant de se séparer la résolution suivante :

« Les chrétiens sociaux, réunis à l'occasion des Assemblées religieuses de Livron, préoccupés d'arriver le plus tôt possible à une concentration sur le terrain de l'action pratique, considèrent qu'à l'heure actuelle, les chrétiens protestants ont une responsabilité immédiate à l'égard de l'état social de la nation, et que leur devoir est de se grouper en réunissant leurs activités directes, afin de prendre une position plus nette dans les questions sociales et économiques et les conflits qu'elles entraînent. »

L'année suivante, la conférence internationale projetée avait lieu à Besançon. Un rapport introductif de M. Gounelle sur le sujet: « Pourquoi sommes-nous chrétiens sociaux? », et des thèses sociales présentées par M. de Morsier, député genevois, et un des promoteurs du congrès, servirent de base aux travaux de l'Assemblée, qui clôtura ses séances par le vote d'une déclaration de principes. Une *Union Française des Chrétiens Sociaux en vue de l'Action* était fondée ; au Congrès de St-Quentin, un an plus tard, elle choisissait la dénomination de *Action Chrétienne Sociale*, et déclarait, dans ses statuts, qu'elle « avait pour but de réunir en une action concertée tous ceux qui veulent travailler à réaliser l'idéal d'une société juste et fraternelle ». Les adhésions, qui pouvaient être individuelles ou collectives, impliquaient « l'unité d'inspiration et d'orientation et non l'adhésion littérale à une formule ni même l'unité de conception sur tous les faits ». L'Union, qui choisissait comme charte doctrinale, la « Déclaration de Besançon », était présidée par M. Gide, MM. Raoul Allier et Wilfred Monod étaient nommés vice-présidents, tandis que le pasteur Gounelle assurait le secrétariat général.

Les membres de l' « Action Chrétienne Sociale » proclamaient les principes suivants (1) :

« I. *Orientation démocratique :*

« *a*) Dans une démocratie, le citoyen chrétien ne « saurait se désintéresser de la politique.

« *b*) Dans une démocratie chrétienne, la femme « doit posséder les mêmes droits civils et politiques « que l'homme.

« *c*) Il est conforme à la justice que les minorités « soient représentées proportionnellement dans les « conseils de la nation.

« 2. *Orientation morale :*

« Morale sociale et morale internationale.

« *a*) Il y a une seule morale pour les deux sexes. « Aucune immoralité ne saurait être justifiée, ni par « la raison d'Etat, ni par la lutte de classe.

« *b*) Toute mesure d'exception à l'égard de la « femme, sous prétexte de mœurs, doit être abolie.

« *c*) L'Etat a le devoir d'intervenir en faveur de

---

(1) Déclaration de l'Action Chrétienne Sociale à la Conférence Intrenationale du Christianisme Social, tenue à Besançon, le 6 juin 1916.

« la moralité publique et d'assurer l'application des
« lois protectrices des bonnes mœurs.

« Il y a lieu de reconnaître aux citoyens organisés,
« en vue de la lutte contre l'immoralité, le droit de
poursuite directe.

« d) Pour résoudre des conflits entre les nations,
l'arbitrage est la seule méthode conforme à l'idéal
« chrétien.

« Il faut donc préparer l'opinion aux ententes in-
« ternationales et au désarmement progressif et si-
« multané qui en serait la conséquence.

« e) Toute patrie est une personne morale qui doit
« représenter un aspect du génie humain, et par
« conséquent, une volonté de Dieu. Toute patrie est
« donc sacrée, et tout peuple a droit à l'autonomie.
« Les nations civilisées n'ont pas le droit d'exploi-
« ter les races qu'elles qualifient d'inférieures ; elles
« ont, comme un devoir d'aînesse, la mission de les
« rendre dignes et capables de la liberté.

« 3. *Orientation économique.*

« a) L'intervention de la loi en matière sociale est
« une nécessité et un bienfait. En particulier, la pro-
« tection légale du travailleur contre le surmenage
« et la mauvaise hygiène est un moyen légitime de
« le défendre contre les effets de la concurrence et
« les abus de la puissance du capital.

« b) La *Coopération* est, dès maintenant, une puis-
« sance capable de modifier les rapports du capital
« et du travail, et elle prépare efficacement la trans-
« formation de la propriété égoïste en propriété col-
« lective, et du régime de la concurrence en régime
« solidariste.

« c) L'appropriation par la collectivité de cer-
« taines richesses naturelles et sociales, peut être
« utile, mais toute forme d'exploitation industrielle

« par l'Etat ou la commune doit être soumise au con-
« trôle et du personnel et des consommateurs.

« d) En l'état actuel des choses, une forte organi-
« sation syndicale paraît être une condition préalable
« sans laquelle aucune institution économique ne
« pourra porter de fruits. Il faudrait donc s'efforcer
« de réconcilier le patronat avec les syndicats ; ce qui
« aurait pour effet de rendre ceux-ci moins agressifs
« et plus pratiquement réformistes.

« e) On peut considérer comme légitime la défense
« des intérêts de classe ; mais, d'une part, tout con-
« flit doit donner lieu à des tentatives loyales de con-
« ciliation et d'arbitrage et, d'autre part, on ne sau-
« rait envisager comme définitif, un ordre économi-
« que et social fondé sur la guerre perpétuelle. Il
« faut vouloir la paix dans la justice, et y tendre
constamment.

« f) Le chrétien doit énergiquement réprouver l'ac-
« tion directe par les coups de force, le sabotage, l'ex-
« citation à la haine, ou à l'émeute, que ces excès
« proviennent du capital ou du travail. »

La déclaration ajoutait que : « Les chrétiens sociaux ne prétendent pas épuiser leur idéal dans ces
affirmations. La volonté du Père les oblige à préparer dans un effort constant de rénovation individuelle et sociale la cité libre et fraternelle qu'ils ap-
pellent le Royaume de Dieu. »

L'orientation religieuse du mouvement se trouve
condensée dans le magistral rapport présenté par M.
Gounelle au Congrès de Paris ; elle se résume en
deux thèses essentielles : 1° *La valeur unique et infinie de la personne humaine*, idée développée et propagé par les Vinet. les Secrétan, les Fallot, etc.

2° *Le principe d'amour et de fraternité* dont découlent la passion du sacrifice et l'esprit de service
social.

Affranchi de toute discipline dogmatique, le Christianisme Social appelle à lui tous ceux qui se récla-

ment du Christ, sans s'inquiéter de l'attitude qu'ils adoptent envers les cultes traditionnels ; il accueille tous ceux qui veulent apporter leur pierre à l'édification d'une Société régénérée sous le signe de l'Esprit Divin.

La guerre interrompit les travaux des divers groupements que nous venons de citer, mais après ces quatre années d'épreuve, le Protestantisme Français sentit la nécessité de parfaire son unité en se concentrant sur le terrain social.

En juin 1922, *l'Association Protestante pour l'Etude Pratique des Questions Sociales* tint à Strasbourg sa 17ᵉ assemblée et se transforma (en fusionnant avec l'*Action Chrétienne Sociale*) en *Association Protestante pour l'Etude et l'Action Sociales*. Cette nouvelle association se fédéra avec trois autres institutions : « *Le Service Social de Foi et Vie* », « *Les Volontaires du Service Social* » et « *La Fédération Française des Fraternités* » pour constituer la « *Fédération Protestante du Christianisme Social* ». A l'avenir, seraient admises à faire partie de la Fédération toutes les œuvres ou les sociétés qui adhéreraient aux déclarations de Nîmes et de Besançon.

Au Congrès de Strasbourg, les professeurs Vermeil, Fœrster et Ragaz parlèrent des réformes pédagogiques à entreprendre ; M. Schultz entretint ses auditeurs de l'activité sociale des églises alsaciennes, et M. Mann donna un aperçu du patronat social (1). Une manifestation fut organisée en l'honneur de M. Gide, professeur au Collège de France, apôtre de la Coopération et pionnier du Christianisme Social, enfin M. Gounelle résuma en une étude nourrie, les tendances fondamentales du mouvement. Dans ce travail, il fonde de grands espoirs sur les possibilités d'un protestantisme modernisé et socialisé, qui, tout en demeurant fidèle à l'idéal spirituel de la Réforme

---

(1) Plusieurs autres rapports furent présentés. V. *Congrès du Christianisme Social tenu à Strasbourg*, édit. 1923.

se dégagerait des formules et des cadres qui l'immo-
bilisent et entravent son essor, en se familiarisant
avec l'état d'âme des chrétiens sociaux : « Etat d'âme
« du chrétien solidariste qui ne peut plus supporter
« des grâces égoïstes, une piété égoïste, une foi en
« Dieu égoïste, une église de privilégiés, un ciel so-
« litaire : qui sait que le péché est individuel et so-
« cial et que la repentance doit être dès lors indivi-
« duelle et sociale : qui ne veut pas d'un salut pour
« lui tout seul; qui se scandalisera et s'effraiera à
« la perspective du tout petit nombre des élus ; qui
« voit d'ailleurs que le salut n'est possible à moins
« d'un miracle, pour la plupart des âmes, que dans
« un milieu préalablement rendu propice, et que le
« salut des âmes doit normalement aboutir à un
« ordre social christianisé. »

Il ne peut être question de chercher dans le Nouveau Testament des indications précises ou des prescriptions détaillées qui seraient fatalement enta-
chées d'anachronisme; on y puisera des inspirations
et des suggestions, un plan général de vie. Comme l'a
écrit Frédéric Naumann « Jésus n'est ni un homme
d'Etat, ni un physicien, ni un économiste ; il ne nous
apporte ni des solutions, ni des méthodes détermi-
nées; il s'est contenté de vivre, et sa vie est la révélation de Dieu. ».

Depuis le Congrès de Strasbourg, la « Fédération
du Christianisme Social » s'est réunie deux fois : à
Marseille en 1924 où la question de la probité individuelle et professionnelle (médecine, enseignement, affaires, etc...) fut mise à l'étude, à Bergerac, en 1926,
où l'on traita de « la rénovation spirituelle et sociale
du protestantisme » et où l'on enregistra deux adhésions nouvelles : celles du « Groupe Oberlin », de
Marseille, et de la « Branche Sociale » de l'Armée
du Salut.

En 1925 se produisit un événement d'une haute
portée religieuse et morale : sur l'initiative de l'évê-

que luthérien Söderblom, eu lieu à Stockholm une *Conférence Universelle du Christianisme Pratique* (Life and Work). Six cents délégués officiels de trente nations différentes s'assemblèrent dans la capitale suédoise ; ils représentaient toutes les églises et les communions chrétiennes à l'exception de l'Eglise Catholique Romaine qui s'était abstenue. La conférence se proposait de définir dans ses grandes lignes l'attitude qu'il convient d'adopter à l'égard des problèmes moraux, sociaux et internationaux. Dans son *message officiel,* on remarque plus d'une fois des expressions empruntées à Fallot et consacrées par les protestants français... « Dans le domaine « industriel, nous avons affirmé que la valeur des va- « leurs est l'âme. Elle ne doit pas être subordonnée à « la machine aveugle ou à la propriété. Son premier « droit est le droit au salut. Au nom de l'Evangile, « nous avons affirmé que le régime économique ne « doit pas être fondé sur l'unique recherche du profit « particulier, mais sur la préoccupation de l'intérêt « général. Seul un régime de coopération, remplaçant « la lutte sans merci de tous contre tous, rendra pos- « sible un état social où employeurs et employés « trouveront les uns et les autres, dans leur travail « particulier, le moyen de remplir ici-bas leur véri- « table vocation. Alors seulement nous serons en me- « sure d'obéir au commandement du Seigneur : « Faites à autrui ce que vous désirez qu'on fasse « pour vous. » (1)

La « Déclaration Générale » du Congrès (qui résulte d'une fusion entre les projets français et danois), reconnaît que les efforts individuels, si louables soient-ils ne sauraient à eux seuls, triompher des fléaux sociaux et de l'indiscipline des mœurs, et que l'intervention des pouvoirs publics, est, dans cer-

---

(1) *Revue du Christianisme Social,* octobre-novembre 1925 (Numéro consacré au Congrès de Stockholm).

taines limites, désirable et utile. Elle affirme que prévenir les guerres est un devoir, mais elle désapprouve le cosmopolitisme antipatriotique au même titre que le nationalisme belliqueux et, dans ce domaine comme dans les autres, elle se défend de vouloir pontifier et de prétendre imposer des solutions absolues ou définitives. Au moyen d'une éducation chrétienne, libérale et intuitive, elle espère développer de plus en plus chez les adolescents comme chez les adultes, le sens de la responsabilité personnelle. Ses sympathies populaires s'expriment librement dans son salut au prolétariat : « Au nom de Fils de l'Homme, le charpentier de Nazareth, nous adressons un chaleureux message aux travailleurs du monde entier. Nous saluons avec respect ceux d'entre eux qui, contre vents et marées, restent fidèles à l'idéal de Jésus-Christ. Nous, connaissons les malentendus qui éloignent tant d'hommes de l'Eglise : nous les déplorons, nous désirons ardemment les dissiper... Nous faisons nôtres les aspirations du peuple ouvrier vers un ordre équitable et fraternel, seul régime compatible avec le plan divin de la Rédemption; sauver tout homme, et sauver tout l'homme. »

La conférence de Stockholm a eu le mérite et l'originalité de trouver un terrain d'union et d'entente entre les envoyés de communautés religieuses divisées et séparées par la variété de leurs rites et de leurs dogmes, mais rapprochées par leur commune croyance au Christ et à la Vie Eternelle. Elle a voulu rassembler en un faisceau, les forces dispersées de la chrétienté, afin que celle-ci devienne dans l'univers une puissance formidable en faveur du Droit et du Bien, et qu'elle prenne conscience de sa mission sociale et réformatrice.

Chargé de prononcer le discours inaugural, le pasteur Wilfred Monod, de Paris, après avoir déploré la carence des églises au cours de la dernière guerre, évoqua la doctrine centrale du Nouveau Testament, qui est celle du Royaume de Dieu. Il montra le rôle merveilleux que peuvent remplir les sectes chrétiennes si, s'adaptant à l'évolution des gouvernements et des peuples, elles savent employer toutes les armes dont elles disposent. Par la parole, par la presse, par l'exemple, elles peuvent se dresser en face des oligarchies égoïstes et jouisseuses, et faire éclater aux yeux de tous l'irrésistible beauté d'un idéal rêvé et vécu.

Au bout de dix jours, la Conférence se sépara, après avoir nommé un « Comité de Continuation » composé de 70 membres, ce Comité devait prolonger l'œuvre entreprise et préparer le prochain Congrès du « *Christianisme Pratique* » (1).

Au Congrès International de Stockholm, la délégation française, présidée par M. Scheer, député du Haut-Rhin, comprenait 13 membres parmi lesquels MM. de Witt-Guizot et Fuzier, les pasteurs Monod, Monnier, Gounelle, Jézéquel, Lauga, etc..., qui participèrent aux travaux de l'Assemblée, tant par leurs interventions dans les commissions et au cours des réunions plénières, que par les rapports très remarqués qu'ils exposèrent. Ne représentant qu'un million de protestants français en face de 70 millions d'américains et de 40 millions d'anglais ou d'allemands, nos délégués auraient pu occuper une place digne mais effacée. Cependant, il n'en fut rien : grâce à leur autorité morale, à leur éloquence et à la force de leurs arguments, ils furent à la hauteur de leurs collègues étrangers ; ils défendirent brillamment les propositions françaises et plusieurs de leurs thèses recueillirent un vif succès. Les considérations économiques du pasteur Gounelle, particulièrement applaudies, lui gagnèrent la sympathie des socialistes sué-

---

(1) Dans ce Comité la France est représentée par le Pasteur Wilfred Monod.

dois; quant à M. Monod, on lui est redevable, au moins pour moitié, de la rédaction définitive du « *Message à la Chrétienté.* » Un journal scandinave, peu suspect de francophilie, résumait ainsi l'impression générale : « C'est la pensée des protestants de France qui fit sur l'assemblée, l'impression la plus profonde, non seulement par l'éclat de la forme, mais par la force de ses raisonnements et l'ardeur de ses sentiments. » (1)

Il est malaisé d'apprécier quelle sera la répercussion de la première conférence mondiale de « *Life and Work* »; on peut seulement constater qu'elle a, dans une atmosphère de concorde et de sympathie (troublée un instant par d'inopportunes récriminations allemandes), permis à des chrétiens de toutes races et de toutes dénominations, de procéder à un échange de vues fécond et de jeter les fondements d'une morale évangélique et sociale de l'avenir, qui n'est pas toujours celle de la légalité. Les cinq commissions chargées de condenser les rapports et d'en dégager les directives essentielles, firent agréer par l'assemblée plénière des conclusions sur l'attitude des églises en ce qui concerne : 1° les questions économiques et industrielles; 2° les questions morales et sociales; 3° les questions internationales; 4° l'éducation chrétienne; 5° les méthodes de coopération et de fédération. Guidé par l'esprit de justice et d'amour qui se dégage de l'Evangile, « le Christia-« nisme regarde toute propriété non comme une fin, « mais un moyen; par conséquent, comme un dépôt « dont il faudra rendre compte; et ceux qui en ont la « garde doivent se considérer comme des intendants « de Dieu et des serviteurs de la société, responsa-« bles de la manière dont elle est utilisée. L'acquisi-« tion du gain sans travail ou service correspon-« dant, surtout quand elle est obtenue par la spécu-

---

(1) *Revue du Christianisme Social*, octobre-novembre 1925.

« tion malsaine et ruineuse pour la vie économique,
« doit être condamnée » (1). Pour ce qui est de l'industrie, les chrétiens sociaux se prononceront en faveur d'une coopération effective du capital, de la direction et du travail. Abandonnant à l'entrepreneur,
et aux compétences dont il s'entoure, l'organisation
technique et commerciale qui lui revient de droit, on
encouragera la participation de l'ouvrier aux bénéfices et au contrôle de l'entreprise dont il dépend. On
soumettra les adolescents à un apprentissage professionnel méthodique, et on interdira le travail des enfants, doublement préjudiciable, parce qu'il affaiblit
la race et avilit les salaires. Enfin, l'Eglise soulignera
les conséquences désastreuses du chômage : elle con-
tribuera à en découvrir les causes et à en chercher
les remèdes. « Elle n'a pas à présenter elle-même des
plans de réforme, mais à les pénétrer de l'esprit qui
vivifie, et à coopérer partout où il le faut ».

Adoptant des termes, familiers aux chrétiens sociaux, la deuxième commission déclare que « les hommes étant solidaires, la tâche de l'Eglise est non seulement d'amener *tout homme* et *tout l'homme* à retrouver Dieu, mais d'assurer à tous les hommes leur
droit au salut », le salut individuel étant inséparable
du salut social. Dans ce but, on luttera par tous les
moyens contre l'alcoolisme et les logements insalubres, et l'on encouragera la construction de demeures
hygiéniques, accessibles aux travailleurs de toutes
classes. Le Congrès proclame l'égalité spirituelle et
morale de l'homme et de la femme devant Dieu, et,
partant, « l'unité de morale pour les deux sexes,
avant comme pendant le mariage », le divorce n'étant
admis qu'en cas d'adultère. Il préconise l'assistance
à l'enfance coupable et aux délinquants primaires, et
la transformation de tout le système pénitentiaire,
qui devra être réformateur autant que répressif. *La*

_____

(1) Op. cité, page 927.

Commission des « relations internationales » demande à la Chrétienté d'appuyer de son autorité morale « la Cour Permanente Internationale de Justice » (1).

L'Assemblée de « Life and Work », dont nous venons de résumer les travaux, avait succédé à Stockholm au sixième Congrès de « l'*Alliance Universelle pour l'Amitié Internationale par les Eglises* » (Word Alliance). Cette « alliance », résolument pacifiste, définissait ainsi son programme, à l'occasion d'une conférence anglo-franco-belge organisée à Lille en 1924 : « Considérant les terribles pertes en vies « humaines et en matériel précieux causées par la « guerre, ses conséquences désastreuses sur l'état « physique, intellectuel et moral de l'humanité et « le lourd fardeau de haines, de suspicions et de ja- « lousies internationales qu'elle a laissé derrière elle, « et qui menace de faire sombrer la civilisation. « Convaincue que la seule méthode capable de mener « à la restauration de la paix et du bonheur des peu- « ples, c'est l'obéissance à l'esprit de fraternité, « apporté par Jésus-Christ.

« Convaincue que cet esprit réclame de la part de « toutes les nations, le pardon réciproque, la récon- « ciliation entre anciens ennemis, le support mutuel, « la collaboration amicale avec toutes les races et la « ferme volonté de recourir à l'arbitrage pour le rè- « glement de tous les conflits qui s'élèvent entre « elles... La conférence affirme que le devoir des « chrétiens est d'user de toute leur influence en vue « d'amener leurs gouvernements à agir selon les « principes posés plus haut, et, en particulier, à s'ef- « forcer sincèrement de rendre la Société des Na- « tions universelle, et de développer son autorité « ainsi que celle de la « Cour Permanente de Justice « Internationale », comme moyens principaux d'éta- blir et de garantir la paix du monde ».

---

(1) Op. cité, page 1007.

La branche française de « *l'Alliance* » envoya en Suède huit délégués, mais ceux-ci ne représentaient en réalité, qu'une petite fraction de protestants français ; car, si ces derniers désirent ardemment la paix comme tous leurs compatriotes, ils se méfient parfois des exagérations d'un pacifisme imprévoyant et utopique, qui endort les vigilances nécessaires en faisant miroiter devant des yeux crédules, la noble mais inaccessible vision d'une fraternisation universelle.

CHAPITRE VIII

Les Œuvres Sociales du Protestantisme Français

*Solidarités et Fraternités. — Le Service Social de
Foi et Vie. — Les volontaires du Service Social.
— Les œuvres en faveur de l'enfance : les colonies
de vacances, l'œuvre de la Chaussée du Maine,
etc...*

Plus que toute autre œuvre, les « *Solidarités* » émanent du mouvement du Christianisme Social, et en
sont une application concrète. Leur activité est com-
plexe et diverse, mais leur but ultime est immuable,
il se confond avec celui de tous les chrétiens, imbus
de leur vocation sociale : l'avènement sur la terre du
Royaume de Dieu. Dans cet espoir, elles veulent, moralement et matériellement, transformer les conditions de vie d'une foule de leurs contemporains, afin
que tous puissent donner, au spirituel comme au tem-
porel, leur rendement maximum. Ces institutions sont
plus proches des « *settlements* » que des « *Institutio-
nal Churches* »,car elles veulent agir indépendamment
des églises, afin d'échapper à la suspicion et à l'an-
tipathie que tant de Français éprouvent à l'encontre
des religions officielles.

C'est à l'instigation de jeunes pasteurs enthousiastes et entièrement dévoués au peuple, tels que
MM. Nick, Gounelle et W. Monod, que s'ouvrirent les
premières « *Solidarités* » : à Lille d'abord, en juin
1898, à Roubaix, le 6 novembre de la même année, ensuite à Paris, Rouen, Calais, Nantes, Nîmes, Or-

thez, etc... Elles débutèrent dans des centres industriels et miniers où elles furent appelées à rendre de grands services à une population laborieuse, privée de distractions saines, et livrée aux influences démoralisatrices dont les estaminets et les débits de boisson sont prodigues. Les *Solidarités* ne sont pas toutes taillées sur le même modèle, chacune d'entre elles s'adapte aux exigences de sa situation particulière, et développe l'une ou l'autre de ses branches d'activité. En 1906, elles étaient une quinzaine : pour adhérer à la *Fédération des Solidarités,* il suffisait de remplir deux conditions : 1° adhérer aux principes du Christianisme Social, sans formule obligatoire; 2° posséder quatre catégories d'œuvres pouvant se rattacher à une des rubriques suivantes : évangélisation, tempérance, moralité, éducation, coopération, mutualité, organisation de plaisirs, œuvres de contact et de rapprochement.

Dans un but d'évangélisation, les *Solidarités* organisent des réunions religieuses et, avec le concours des ligues existantes (Croix Bleue, Etoile Blanche, Ligue de la moralité publique, etc.), elles s'efforcent d'éduquer et de moraliser en combattant à la fois l'alcoolisme, la prostitution, la pornographie et les causes dont elles découlent plus ou moins directement, à savoir : les taudis, l'insuffisance des salaires féminins, la licence des rues, etc. Des causeries-débats, des conférences, des cours sur des sujets économiques, littéraires ou scientifiques, sont institués; des consultations médicales ou juridiques sont réservées aux adhérents. L'élément récréatif n'est pas négligé : des concerts, des représentations théâtrales, des projections cinématographiques attirent un public empressé qui participe aux frais généraux. Des patronages, des cercles pour les adolescents et les jeunes filles, des groupes sportifs et des escouades d'éclaireurs sont organisés pour la jeunesse qui profite encore de colonies de vacances, d'excursions à la campagne et de

restaurants de tempérance. Des sociétés de secours
mutuels et de prêts sur l'honneur développent l'esprit de solidarité et sont un encouragement à la prévoyance. Lorsqu'il s'agit de séances publiques et contradictoires, la neutralité politique et confessionnelle
est de rigueur, ce qui n'empêche pas les préoccupations spirituelles d'occuper le premier plan et
d'orienter toutes les initiatives. Dans les régions du
Nord, où le mouvement prospéra sous l'impulsion
des pasteur Quiévreux, Nick et Gounelle, les meetings religieux se tenaient souvent en plein air, dans
des hangars ou encore au domicile de tel ou tel ouvrier qui conviait à des réunions en petit comité ses
amis et ses camarades. En 1911, au Congrès de Saint-
Quentin, M. Gounelle évaluait à 30 ou 40 les foyers
protestants d'action sociale dont le programme se
rapprochait d celui des *Solidarités;* il estimait qu'en
vertu de leur caractère laïque et démocratique, celles-
ci pouvaient agir sur des milieux fermés à toute influence religieuse et hostiles à toute propagande entreprise par les églises considérées trop souvent comme les fermes soutiens du capitalisme oppresseur.
N'ayant aucun prestige à sauvegarder, et nulle
crainte de se compromettre, les *Solidarités* peuvent
jouer le rôle de sentinelles avancées et soutenir, quelle
que soit leur hardiesse, toutes les revendications qui
leur paraissent légitimes. Voici à titre d'exemple les
statuts de la *Solidarité* de Roubaix :

ARTICLE PREMIER. — « Il est fondé une association
« libre laïque et démocratique d'hommes et de fem-
« mes dont le but est de travailler en dehors de toute
« préoccupation confessionnelle ou politique, à réa-
« liser sur le terrain moral et social l'idéal chrétien
« d'une société fraternelle.

« La société déclare lutter :

« *a) Dans l'ordre des questions morales :* contre
« l'alcoolisme, la pornographie, les spectacles immo-
« raux, la licence des rues, la débauche libre ou ré-

« glementée, les jeux d'argent, les mensonges conven-
« tionnels.

« *b) Dans l'ordre des questions sociales :* contre
« l'ignorance des droits de l'homme et des devoirs
« personnels et sociaux. Contre l'imprévoyance, la
« mendicité, la misère humaine sous toutes ses for-
« mes.

« *c) Dans l'ordre des questions philosophiques et*
« *religieuses :* contre l'intolérance, le matérialisme
« *et l'athéisme.*

« L'Association veut ainsi appliquer les solutions
« inspirées par l'Evangile du Christ, aux grands
« problèmes de la vie contemporaine, et principale-
« ment de l'éducation populaire. »

Bientôt aux « Solidarités » se substitueront les
« *Fraternités* » : cette nouvelle dénomination étant
empruntée aux « *Brotherhoods* » d'Angleterre qui
ont le privilège de l'ancienneté puisqu'ils datent de
1875. Ces institutions, nées en Grande-Bretagne, con-
sistèrent primitivement en réunions dominicales en-
trecoupées de chants et de prières au cours desquelles
tout adhérent était autorisé à prendre la parole brièvement sur un sujet de son choix, que l'assemblée
discutait ensuite. Ces séances mi-religieuses et mi-
profanes qui rapprochaient une fois par semaine des
hommes de toute condition dans un sentiment fraternel d'entr'aide et de solidarité, réussirent au delà
de toutes les espérances. L'extension des « *Brother-*
hoods » fut rapide, les membres se comptèrent bientôt par dizaines de mille; ils s'engageaient à faire
triompher l'idéal du mouvement : « Gagner les masses populaires à Jésus-Christ en encourageant l'étude
des sciences sociales, en fortifiant le sentiment des
obligations civiques du chrétien; en mettant plus
d'unité dans le service social ».

Les sociétaires pratiquent entre eux, de toutes
manières, l'assistance mutuelle : par des caisses de
secours, des bureaux de placement, des prêts gra-

tuits, des clubs, des visites à domicile. A l'issue d'un meeting, il n'est pas rare de voir des chômeurs, dont la situation vient d'être signalée, trouver du travail auprès de tel ou tel membre, industriel ou commerçant, trop heureux d'embaucher un de ses camarades.

Les *Brotherhoods* qui ont des attaches avec les sectes non-conformistes ont néanmoins leur complète autonomie, ils ne relèvent d'aucun parti politique : travaillistes et conservateurs se coudoient amicalement dans leurs rangs, où la haine de classe est prohibée.

« Notre association », lit-on dans une de leurs déclarations, « est laïque. C'est nous qui élisons chaque année nos chefs... Nous sommes anticléricaux : nous repoussons et combattons toute domination ecclésiastique. La seule religion vraie est celle qui aide l'homme à devenir meilleur... Nous sommes mécontents de l'état social et nous étudions tous les problèmes sociaux à la lumière de l'Evangile avec la volonté de les résoudre. » Les *Fraternités* ont infusé à la religion une vitalité nouvelle, elles ont mis à la portée des foules incroyantes, ou seulement indifférentes, les enseignements de l'Evangile sur la Paternité divine et sur la charité agissante que les chrétiens véritables éprouvent et manifestent à l'égard de tous les hommes qui sont leurs frères.

On peut considérer que la « *Société d'Aide Fraternelle et d'Etudes Sociales* », fondée par Fallot en 1862, a été en France une première ébauche des *Fraternités*. C'est encore Fallot qui a précisé quel devrait être dans l'avenir le rôle de ces groupements : « Ce seront des sociétés de secours mutuels, de vi-« vantes coopératives, des sociétés d'activité chré-« tienne et sociale (au sein des églises ou hors d'elles « peu importe), ayant pour mission de relever le pro-« gramme que les églises ont laissé choir. » On ne demandera pas aux adhérents quelle est la qualité ou la modalité de leur foi : il suffira qu'ils aient la vo-

lonté de faire quelque chose pour Dieu et pour leurs
semblables.

Les « *Fraternités* » françaises ont marché sur les
traces des « *Solidarités* » et c'est, à quelques variantes près, le programme de ces dernières qui a pré-
valu. La plupart d'entre elles se trouvent dans les
grandes villes : il existe néanmoins quelques *Fraternités* rurales dues à l'initiative du pasteur Du-
rand : celles-ci s'efforcent de contribuer au progrès
intellectuel et moral des paysans et d'éveiller le sentiment de la solidarité et de la justice sociale chez les
propriétaires fonciers, qui se cantonnent trop souvent dans un particularisme soupçonneux et égoïste.
Elles offrent à leurs membres des salles de lecture et
de jeux, des bibliothèques, des séances instructives ou
récréatives : de plus, elles vulgarisent les améliorations techniques se rapportant aux travaux agricoles,
elles prêtent leur appui aux caisses de crédit, aux
mutualités, aux syndicats en formation. Si les circonstances le permettent, elles publient une feuille
hebdomadaire ou mensuelle, organe fraterniste qui
sera un trait d'union entre les adhérents de la région.

Tout en conservant une certaine indépendance, la
plupart de ces organisations prospèrent sous l'égide
de sociétés d'évangélisation ou d'églises, qui ont
trouvé en elles de précieux auxiliaires. En 1923, à
Strasbourg, se forma une *Fédération des Fraternités
de France* rattachée à la Fédération Internationale,
avec pour président M. Nick et pour secrétaire général M. E. Chastand. Pour la première fois, la Fédération se réunissait en Congrès, à Roubaix, la même
année, et proclamait dans un ordre du jour son inspiration protestante, pacifiste et sociale.

Les Fraternités possèdent désormais trois catégories de membres :

1° Les *Adhérents* qui sont surtout des sympathisants qui fournissent une collaboration plus ou moins
régulière.

2° Les *Pionniers* ou dirigeants qui constituent les cadres responsables.

3° Les *Fraternistes,* membres actifs sur lesquels on peut toujours compter. Ils prennent l'engagement de faire dominer *l'esprit de fraternité :*

« *a) Dans leur vie personnelle* en se mettant à la « loi de service de pardon, de sacrifice et d'amour.

« *b) Dans leur vie sociale :*

« 1° Economique : en s'efforçant de substituer au « régime actuel de concurrence un régime de colla-« boration fraternelle.

« 2° Politique : en restant attachés aux principes « démocratiques et en proclamant les droits et les « devoirs de la citoyenne et du citoyen.

« 3° Nationale : en demeurant fidèles à la patrie, province de l'humanité.

« 4° Internationale : en tendant, par l'obéissance « à la loi du Christ, à supprimer l'esprit de haine et « de guerre et à réconcilier les nations entre elles. »

Le Congrès émit le vœu que toute « *Fraternité* » organise dans son sein une « *Ligue de la moralité publique et privée* », qu'elle combatte l'alcoolisme au moyen de campagnes de propagande, qu'elle prenne parti pour la paix par le droit et par l'amitié international des églises. La section française se rallia à la devise de la Fédération mondiale : « Mettre en « œuvre la fraternité à la lumière de la vie et des « enseignements de Jésus-Christ. Faire prédominer « l'esprit de fraternité dans toute la vie : person-« nelle, sociale, économique et politique. »

Le Service Social de « Foi et Vie »

La revue *Foi et Vie* dont la fondation remonte à 1898 ne se consacre pas exclusivement à l'étude des questions économiques, envisagées du point de vue chrétien, mais elle a néanmoins toujours réservé d'importantes rubriques à la discussion des problèmes sociaux d'actualité. En 1905, elle inaugurait une série de conférences où des orateurs éminents, des maîtres de la pensée contemporaine, vinrent traiter de sujets philosophiques sociologiques et moraux devant un public cultivé. En 1913, M. Paul Doumergue, qui désirait souligner l'orientation sociale de sa revue, ouvrait une « Ecole Pratique de Service Social » ; celle-ci se scinda au lendemain des hostilités en : 1° *un Secrétariat de Service Social; 2° une Ecole Pratique d'Enseignement Social.*

Le *Secrétariat* constitue un centre d'information et de documentation : tous ceux qui ont besoin de secours matériels ou moraux peuvent s'y présenter : on cherche à solutionner leur cas et on les met en rapport avec les œuvres ou les personnalités susceptibles de leur venir en aide. Des services de placement et de travail à domicile ainsi qu'un dispensaire sont adjoints au Secrétariat qui désire surtout épauler des individus ou des familles, en proie, momentanément, à la gêne et au désarroi. Ceux qui le dirigent savent qu'un conseil, qu'un secours en argent, qu'une recommandation accordée au moment opportun, peuvent permettre de remonter le courant et de rétablir un équilibre accidentellement rompu. Quant à « l'Ecole », elle est destinée à donner un enseignement préparatoire aux jeunes filles qui se destinent à des carrières sociales et qui pourront ensuite se spécialiser en connaissance de cause. Munies de leurs diplômes, elles trouveront sans peine des emplois rémunérateurs comme ceux d'infirmières (d'hygiène, visiteuses ou scolaires), d'assistances sociales, de surintendantes d'usines, de directrices d'œuvres ou de foyers, de jardinières d'enfants, etc.

Les études se répartissent sur une durée de deux années ; elles englobent des matières variées qui comprennent : le droit usuel, les méthodes d'assistance, l'organisation du travail, les principes d'hygiène sociale, la pédagogie et la psychologie infantile, etc... Ce cycle est complété par des stages pratiques dans des hôpitaux, des crèches, des asiles, etc.

L'Ecole ne présente aucun caractère confessionnel, mais elle est protestante par ses origines comme par son inspiration.

Les Volontaires du Service Social

C'est une femme énergique et active gagnée aux idées du christianisme social, Mme Julien Kœchlin qui songea en 1913 à créer cette association. Son but était de grouper des hommes et des femmes appartenant aux classes privilégiées et disposant de loisirs, qui consentiraient, sans rétribution aucune, à seconder des œuvres sociales en remplissant le rôle d'intermédiaires désintéressés. Elle visait à coordonner les efforts des services publics et des institutions privées, et à en faciliter l'accès aux bénéficiaires.

« L'association groupe des volontaires qualifiés et
« spécialisés pour préserver la maternité, l'enfance,
« la famille par l'hygiène sociale, par des conseils
« juridiques appropriés, par l'étude des conditions
« de vie, par la lutte contre les fléaux sociaux, par la
« salubrité et l'embellissement du foyer. »

Pour être agréé comme volontaire, il faut :

1° « Adhérer aux principes dont l'association s'ins-
« pire.

2° « Avoir une compétence sociale ou l'acquérir
« afin de la mettre au service de l'association.

3° « Avoir fait des études médicales, juridiques ou
« sociales.

4° « Si l'on a une profession, mettre sa compétence
« professionnelle au service de l'association.

5° « Chercher à acquérir l'esprit de service.

Pratiquement, ce groupement exerce son action dans quatre ou cinq quartiers de Paris : des volontaires donnent des conseils juridiques aux jeunes femmes abandonnées et sans appui, d'autres vont visiter les mères inexpérimentées et cherchent du travail à domicile pour celles qui veulent demeurer au foyer et allaiter leur enfant. L'œuvre de Mme Kœchlin a organisé dans deux Maternités parisiennes l'assistance sociale aux accouchées : celles-ci sont suivies à leur sortie de l'hôpital, on leur cherche des emplois avec ou sans leurs nourrissons, et on leur épargne ainsi bien des démarches fatigantes.

« *L'Hôtel Maternel* », de fondation récente, et dont nous reparlerons, complète de façon très heureuse cet effort de volontariat social.

Les Œuvres en faveur de l'Enfance

A. *Les Colonies de Vacances.*

C'est le pasteur Lorriaux qui a été, en France, le promoteur des Colonies de Vacances. Dès 1881 ému, ainsi que sa jeune femme, par l'aspect souffreteux de l'enfance pauvre des grandes villes, il projeta, à l'instar de ce qui se faisait déjà en Suisse, d'envoyer chaque année quelques petits citadins à la campagne, pour qu'ils se fortifient et s'épanouissent à l'air des champs : *l'Œuvre des Trois Semaines* était née. Trois enfants partirent la première année; en 1905, ils étaient plus de 2.000. Le placement collectif se substitua rapidement au placement familial, d'une réalisation plus difficile, la surveillance se compliquant du fait de la dissémination des familles. Les jeunes colons furent hébergés dans des maisons louées à leur intention, sous la surveillance de personnes capables et dévouées qui veillaient sur leur développement physique et moral. Le séjour est au bord de la mer de quatre semaines, il est de trois semaines, au minimum à la campagne ; ce temps peut être doublé ou triplé lorsque l'état de santé de l'enfant l'exige. L'œuvre préfère se limiter numériquement si nécessaire, mais insiste pour que les vacances de ses protégés soient suffisamment longues pour leur être véritablement profitables. Huit maisons, dont trois destinées aux mères accompagnées de leurs enfants, sont situées à la campagne, trois autres se trouvent au bord de la mer. Les frais sont couverts par les parents ou des personnes charitables, partiellement, ou pour la totalité.

En 1883, « *l'Œuvre des Fourneaux* », présidée par Mme de Pressensé, ouvrait une première colonie dans le Loiret, ce fut le début des Colonies de Vacances de l'*Œuvre de la Chaussée du Maine*, qui ont pris une grande extension sous l'impulsion diligente de Mme F. Puaux. Elles utilisent à la fois le placement familial et collectif et disposent de six maisons dont deux colonies maritimes.

Nous ne pouvons énumérer les nombreuses colonies de vacances qui, à Paris ou en province, sont dues à l'initiative protestante, mais nous ne saurions passer sous silence « *l'Œuvre des Enfants à la Montagne de la région Stéphanoise* », fondée par le pasteur Comte, et qui est un modèle du genre. En 1893, M. Comte sentit l'urgence d'organiser des cures d'air et de soleil pour les enfants anémiés et rachitiques de Saint-Etienne. Aidé des membres de sa paroisse, il mit sur pied une œuvre qui, sans distinction de culte, accueille des enfants, et, dans certains cas même, des adultes et des convalescents. Les colons qui étaient 52 en 1893, atteignaient le chiffre de 2.800 en 1924. Ils sont répartis, pour la plupart, chez des paysans de la Haute-Loire, sélectionnés pour leur moralité et leur honnêteté et appartenant le plus souvent à de vieilles familles huguenotes. Scrupuleux et méthodique, le pasteur Comte n'abandonnera rien au hasard; tout fut prévu jusque dans les moindres détails, c'est pourquoi le système adopté par lui à Lyon, comme à St-Etienne, a donné les résultats les plus satisfaisants. Le séjour des colons est de six semaines, et peut être exceptionnellement prolongé. Des médecins et des surveillants font, à intervalles réguliers, des visites d'inspection chez les parents nourriciers; en cas de maladie, les enfants sont dirigés sur un hôpital installé au Chambon-de-Tence. L'Œuvre Stéphanoise ne place pas seulement ses protégés à elle, elle joue encore le rôle d'intermédiaire entre les familles de cultivateurs qui acceptent de prendre des pensionnaires, et les comités qui lui confient des enfants en toute sécurité. Pour les jeunes gens et les jeunes filles affaiblis par de longues heures de travail dans une atmosphère confinée, et pour les jeunes mères, s'ouvrent d'accueillantes maisons de vacances, telles que « *Les Marguerites* » ou les « *Sapins* ».

C'est M. Comte qui lança l'idée des *Congrès de Colonies de Vacances,* dont il fut l'animateur; c'est encore lui qui présida à la création du « *Comité National des Colonies de Vacances et Œuvres de plein air* ». Le vaillant pasteur de St-Etienne, travailleur infatigable, étendit aussi sa sollicitude aux orphelins de la guerre : il accepta de remplir les fonctions de secrétaire général de « l'Office des Pupilles de la Nation » du département de la Loire, et il lui consacra ses dernières forces en organisant pour ses pupilles une « Exposition du Travail et de l'Apprentissage ».

Nous ne saurions, dans le cadre de cette étude, songer à établir une nomenclature de toutes les œuvres protestantes : orphelinats, dispensaires, écoles de garde, patronages, etc., se rapportant à l'enfance; une publication très complète : « l'Annuaire Protestant », se charge d'en dresser le tableau. Nous nous contenterons de donner un aperçu des œuvres les plus représentatives et les plus importantes.

B. *L'Œuvre de la Chaussée du Maine*

Fondée en 1871 par Mme Edmond de Pressensé, pour venir en aide aux familles ouvrières éprouvées par la Commune, en procurant du travail aux femmes, et en distribuant des vêtements aux enfants, cette œuvre n'a cessé de grandir ; elle occupe actuellement, grâce à la générosité de Mme Langlois-Berthelot, un immeuble superbe au 14 de la rue Vigée-Lebrun. Comme les « *Fraternités* », elle pratique l'assistance et l'entr'aide, mais elle tient à rester neutre et s'abstient de tout prosélytisme. Elle se divise en quatre sections :

1° Celle des « *Colonies de Vacances* », déjà signalée ;

2° La *Fondation Louise Escuyer*, qui reçoit en province, à titre temporaire ou permanent, des enfants de la région parisienne ;

3° L'*Asile Temporaire*, 88, rue de Gergovie, qui admet des enfants dont les mères sont hospitalisées, ou dans l'impossibilité de leur donner les soins nécessaires ;

4° Enfin, l'*Union des Familles*, qui est particulièrement florissante : elle s'occupe des enfants de tout âge, nourrissons, écoliers, apprentis. Elle apprend à connaître leurs familles et leur entourage, afin de les aider en connaissance de cause ; elle veut être pour tous un centre et un foyer, où, grands et petits, se retrouvent pour s'instruire, se distraire et se délasser.

L'Assistance médicale est assurée par une *Consultation de Nourrissons*, avec distribution de lait pour les débiles, un *Dispensaire* d'enfants et une *Consultation dentaire* ; la propreté est encouragée au moyen de douches dont les adhérents peuvent profiter. Les parents qui redoutent la liberté du jeudi est les mauvaises fréquentations de la rue, envoient volontiers fille et garçons à l' « *Union des Familles* ». On leur

apprend à coudre, à modeler, à peindre, à dessiner, à
découper, etc., ces menus travaux étant interrompus
par des séances de gymnastique et le repos joyeux
du goûter. D'anciens élèves, restés fidèles au patronage, consacrent parfois leurs loisirs à amuser et
à instruire les petits. Des cours d'anglais, de sténo,
de solfège, de violon, etc., sont suivis assidûment :
une chorale mixte réunit jeunes gens et jeunes filles,
et, tous les samedis, les membres de l'Union sont con-
viés à assister à une soirée familiale au programme
varié sur lequel alternent, la musique, le cinéma et
le théâtre. La bibliothèque, qui prête des livres à
domicile, est décorée de reproductions de chefs-
d'œuvres anciens ou modernes, afin de familia-
riser les yeux avec les beautés de l'art et d'affiner le
goût des lecteurs.

On organise des promenades dans les musées et
des excursions à la campagne pour les jeunes garçons qui font partie de groupes sportifs ou de préparation militaire.

Les cotisations sont minimes (10 fr. par an en
1925), mais elles sont obligatoires. L'adhérent appré-
ciera d'autant plus les avantages de l'œuvre qu'il
patricipera à ses charges : il ne sera pas l'invité de
bienfaiteurs, il se sentira chez lui, dans *sa* maison.

En pleine prospérité, l'Union des Familles aurait
pu se reposer sur les résultats acquis, mais elle voulut faire plus et mieux encore en installant une filiale
dans un quartier particulièrement misérable, qui hors
barrière, avoisine la porte de Versailles. « *L'Œuvre
de la Zone* », car c'est ainsi qu'elle fut baptisée lors
de sa création en 1925, représente une oasis accueil-
lante au milieu de cet enchevêtrement de bicoques en
planches, hâtivement construites, qui protègent imparfaitement contre les intempéries les pauvres gens
qu'elles abritent. Dans ses baraques claires et propres, elle accueille les zoniers avec cordialité, leur
offre des distractions et un foyer où ils pourront se

détendre et se reposer; elle soigne les enfants, les éduque, les civilise, leur apprend à jouer et à s'occuper, et, sous la douche bienfaisante, les débarrasse des germes accumulés dans leurs demeures sordides. Le public est plus fruste qu'à la rue Vigée-Lebrun, mais pour être moins polissé, il n'en a pas moins de cœur; il sait apprécier les trésors d'intelligence et de bonté dépensés pour lui, et il veut se montrer digne de l'affection et de l'estime qu'on lui témoigne.

L'Union Protestante de l'Enfance (siège social, 4, rue de l'Oratoire), centralise tous les renseignements sur les œuvres de l'enfance; elle sert de trait d'union entre elles et coordonne leurs efforts. Sur son initiative, a été créée « l'*Aide aux Nourrissons* », qui reçoit dans son centre d'élevage des nourrissons, âgés de 10 jours à 2 ans.

Fondé en 1908, *Le Secours aux mères de Famille* vient en aide aux femmes nécessiteuses de la banlieue en leur fournissant des layettes, de la literie et les médicaments indispensables au moment d'un accouchement. Ses cinq dépôts sont situés à Neuilly, Levallois, Puteaux, Clichy et Saint-Denis.

Pour les filles-mères courageuses, qui ne veulent pas abandonner leur enfant, se pose, dès la sortie de la maternité, l'angoissante question du lendemain : les maisons maternelles leur sont sans doute ouvertes pendant plusieurs semaines, mais l'échéance redoutée ne peut être reculée indéfiniment, et beaucoup de femmes préfèrent, sans tarder, se réadapter à la vie normale. C'est pour elles que Mme Julien Kœchlin, secondée par le Docteur Le Lorier, fonda, en 1924, l'*Hôtel Maternel* (34, rue de la Bidassoa).

Les mères abandonnées peuvent y séjourner avec leur nouveau-né, défrayées de tout, jusqu'à ce qu'elles aient trouvé une occupation conforme à leur situation nouvelle. Une infirmière leur inculque des notions élémentaires de puériculture, et prend soin de leurs nourrissons, afin qu'elles puissent faire les démarches nécessaires pour trouver du travail. La directrice, d'ailleurs, se renseigne sur les desiderata et les capacités de ses pensionnaires, elle tâche, dans la mesure du possible de leur procurer des places où elles pourront conserver leur enfant auprès d'elles. L'hôtel est malheureusement exigu; il ne peut admettre plus d'une dizaine de femmes en même temps; celles qui ont pu s'y reposer avant de recommencer la dure lutte pour l'existence, envisagent l'avenir avec moins d'appréhension et se reprennent à espérer.

CHAPITRE IX

LES ŒUVRES SOCIALES DU PROTESTANTISME FRANÇAIS
(*Suite*)

Les Œuvres en Faveur de l'Enfance : *L'enfance coupable ou malheureuse. Les œuvres d'adoption. La
colonie de Sainte-Foy. Le Patronage des jeunes
garçons en danger moral.* — Les Œuvres pour la
Jeunesse : *Restaurants et Foyers. Les Unions
Chrétiennes. Les éclaireurs unionistes.*

Il est deux catégories d'enfants particulièreemnt
dignes de pitié : ceux que leurs parents abandon-
nent, et qui deviendront des pupilles de l'Assistance
Publique, ceux qui vivent dans un milieu corrompu
et dépravé et qui sont les innocentes victimes des
brutalités du corps ou de l'âme. Privés des soins matériels que réclame leur développement physique et
auxquels une hérédité fâcheuse leur donnerait doublement droit, ils sont moralement contaminés dès
leur prime jeunesse, et voués à une déchéance irré-
médiable, si on ne parvient à les déraciner et à les
transplanter dans une ambiance normale avant qu'il
ne soit trop tard. Pour ceux-là même qui n'ont pu être
secourus à temps, tout espoir n'est pas perdu : on
peut encore leur éviter la Colonie Pénitentiaire et
les Bataillons d'Afrique qui les marqueraient à jamais du sceau d'infamie; des œuvres laïques ou confessionnelles s'y sont employées. Voyons maintenant
ce qu'à pu réaliser dans ce domaine la philanthropie
protestante.

Pour les enfants délaissés, et pour ceux dont les parents ont encouru la déchéance paternelle, la question de l'adoption se pose. Elle réalise le mode de sauvetage le plus parfait en donnant au petit abandonné une famille qui l'enveloppera de sa sollicitude et de son amour. « *La Cause* », qui s'intitule « Union pour l'action Missionnaire en France », l'a compris en ajoutant à ses nombreuses branches d'activité *une section de l'Adoption Familiale* ».

Mais les parents adoptifs sont encore trop rares, et on peut, sans les confier à des particuliers, créer artificiellement des familles pour y recueillir les petits isolés. C'est le but poursuivi par la « *Maison des Enfants* »... « Elle n'est ni un asile, ni un orphelinat, ni une admnistration. C'est un ensemble de familles chrétiennes où, dans un même esprit d'amour, dans un même élan de foi, des enfants, que de douloureuses circonstances ont privé de leur mère dès leur berceau, peuvent grandir, s'instruire et parvenir à une honorable profession » (1).

En 1875, Mademoiselle Lydie Hocart recueillait à Levallois-Perret, dans le presbytère de son père, pasteur méthodiste, une fillette sans famille, bientôt d'autres enfants lui furent amenés; elle ne les renvoya pas. La maison dut être agrandie, d'autres maisons furent construites; 30 ans plus tard, l'œuvre de Mlle Hocart avait à son actif plus de 150 adoptions. La mort de la fondatrice n'a pas ralenti ce bel élan de solidarité. A la tête de chaque famille de garçons, de filles et de tout petits, une femme capable et dévouée remplit les fonctions de directrice, et élève maternellement les enfants dont elle a la charge. Les maisons sont situées à Levallois-Perret (au siège social), à Soissy-sous-Montmorency, dans la Drôme, à Gault-laForêt pour les nourrissons. Après leur avoir fait suivre régulièrement l'école primaire, l'œuvre

______

(1) J. Dumas in *Christ et France* (déc. 1925).

fait apprendre un métier à ses protégés qui deviendront jardiniers, mécaniciens, ébénistes, couturières, employées, institutrices, etc..., chacun et chacune suivant ses aptitudes et se goûts. Elle dispose, en outre, à Ferney d'une école d'apprentissage agricole et d'un foyer d'enseignement ménager où se forment des cultivateurs expérimentés et des ménagères accomplies.

« *L'Œuvre des Petites Familles* » fondée par Mme Mallet en 1896 est organisée selon les mêmes directives ; les « familles » où les enfants reçoivent une éducation chrétienne, sont affiliées à un Comité directeur. Certaines d'entre elles sont indépendantes et sont entretenues complètement par un seul bienfaiteur.

L'Union pour le Sauvetage de l'Enfance s'occupe d'enfants en danger moral. Après les avoir gardés quelque temps dans un asile temporaire, elle les confie à des ménages honorables et sûrs qui s'engagent à les élever dans la religion de leurs parents.

L'Œuvre du Patronage Familial qui existe depuis 1900 se substitue aux parents dans leur rôle tutélaire, lorsque ceux-ci ne sont pas à la hauteur de leur tâche.

La Colonie Agricole et Industrielle de Sainte-Foy

Lorsqu'en 1842 la Colonie de Sainte-Foy ouvrit ses portes, il existait déjà une colonie catholique à Mettrey ; en ce qui concerne l'Etat il n'avait édifié que sur le papier les Maisons de Corrections prévues par le Code Pénal, pour l'internement des enfants criminels ou vicieux. La colonie de Sainte-Foy reçut des enfants insoumis ou indisciplinés, des enfants en danger moral, ou de jeunes délinquants que les tribunaux lui confièrent. Les jeunes pensionnaires y recevaient une instruction primaire : ils se livraient aux travaux des champs ou apprenaient un métier manuel dans des ateliers de serruriers, de forgerons, de charpentiers, etc... La discipline était rigoureuse, mais on évitait la coercition : on faisait appel aux convictions religieuses cultivées chez les petits colons, au sentiment de l'honneur, à celui de la responsabilité individuelle. Ceux dont la conduite était en tous points satisfaisante étaient promus au titre de « frères aînés » et secondaient à tour de rôle les surveillants.

Comme établissement disciplinaire, et d'éducation morale, Sainte-Foy (transformée depuis 1925 en une école protestante d'agriculture) a reçu des appréciations flatteuses et méritées. Résumant son enquête sur les institutions correctionnelles et de relèvement, un inspecteur pouvait écrire en 1891 dans le journal *l'Eclair* : « Il n'y a qu'une colonie en France qui donne de bons résultats, c'est celle de Sainte-Foy. »

Le Patronage des Jeunes Garçons en Danger Moral

En 1896, le pasteur Robin, un des promoteurs de l'Assistance par le Travail, transformait la « Maison d'Education pour enfants insoumis » de la rue Clavel, qui datait de 1871 en un *Patronage des Jeunes Garçons en Danger Moral*. L'objectif était « de maintenir dans la bonne voie ou de ramener au bien les garçons de moins de 16 ans qui se laissent entraîner — ou risquent de l'être — au vol, au vagabondage, à la débauche ». Le patronage admettait dans son asile : 1° les jeunes garçons ayant agi sans discernement que la loi Bérenger de 1898 permettait au tribunal de lui confier; 2° ceux de religion protestante dont les parents étaient frappés de la déchéance paternelle ; 3° ceux enfin qui se trouvaient en danger moral ou qui étaient maltraités par leur entourage. L'œuvre se charge de faire toutes les démarches nécessaires pour réclamer ces enfants devant les tribunaux et pour les enlever à un milieu nocif, elle les place ensuite selon leur âge et leur état de santé dans des

asiles ou des petites familles, ou chez des patrons protestants qui s'engagent à veiller sur eux et à tenir
l'œuvre au courant de leur conduite et de leur travail. Les enfants sont d'abord gardés pendant quelques jours à la rue Fessart, en observation; leur cas
une fois élucidé, une décision est prise à leur égard.
La plupart d'entre eux sont dirigés vers l'Ardèche,
la Corrèze ou la Drôme où, par l'intermédiaire de la
« Société de Sauvetage de l'Eglise Protestante d'An-
nonay » et du « Comité de Valence », ils sont placés
chez des cultivateurs qui ont conservé les mœurs
sobres du passé, et la piété simple de leurs ancêtres
huguenots.

Dans chaque village où il envoie ses protégés (ils
ne sont jamais plus de 30 par village), le Patronage
désigne un correspondant qui exerce un rôle de surveillance. Les enfants fréquentent l'école jusqu'au
certificat d'études ; ce qu'ils touchent en sus des gages fixés par le contrat est versé intégralement à leur
livret de caisse d'épargne; 800 pupilles, dont 700 garçons et 100 filles ont été placés par le Patronage entre
1896 et 1920. Le placement familial a donné dans l'ensemble d'excellents résultats : les jeunes gens deviennent des agriculteurs, des artisans, quelquefois des
instituteurs : ils s'établissent et se marient souvent
dans la région où ils ont été élevés et qu'ils aiment
comme leur pays natal.

Depuis la loi de 1912, le *Patronage* de la rue Fessart est autorisé à remplir le rôle de délégué auprès
des délinquants rendus à leur famille sous le régime
de la liberté surveillée.

Les filles qui se trouvent dans des conditions analogues sont recueillies en vertu d'une décision judiciaire ou familiale par *l'Association des Diaconesses*
qui possède une maison d'éducation correctionnelle,
ou par *l'Armée du Salut* qui dirige en France trois
maisons de relèvement pour femmes ou jeunes filles.
Elles peuvent encore être admises au *Patronage des*

Détenues et Libérées à la demande de leur famille ou sur ordre du tribunal; elles y demeureront jusqu'à leur majorité à moins qu'une nouvelle décision judiciaire n'intervienne en leur faveur.

LES ŒUVRES DE JEUNESSE

A côté des orphelinats (1), des asiles, des écoles professionnelles, dues à l'initiative protestante, il existe d'autres institutions, d'inspiration évangélique, qui s'adressent plus particulièrement à l'adolescence et à la jeunesse.

A Paris, deux associations se chargent de protéger et de guider les jeunes garçons pendant leurs années d'apprentissage. La « *Maison d'Apprentis et de Jeunes Ouvriers* » fondée en 1857 par les églises luthériennes hospitalise de jeunes travailleurs, les entoure et les met en garde contre les embûches et les tentations qui ne manqueront pas de les assaillir. Plusieurs d'entre eux font leur apprentissage chez des ébénistes du Faubourg Saint-Antoine et deviennent d'excellents ouvriers d'art. Lorsqu'ils cessent d'être pensionnaires dans la maison *l'Association Protestante du Patronage des Apprentis* » de la rue Titon, continue à les suivre et à leur prêter son appui.

Le « *Patronage des Apprentis des Eglises Réformées* » poursuit un but similaire, il conseille les parents et les aide à choisir des patrons présentant les garanties nécessaires, afin que les années d'apprentissage s'écoulent dans une atmosphère saine et morale.

Pour les ouvriers isolés (sans distinction de culte), il existe des pensions de famille très économiques où ils trouveront des chambrettes propres et chaudes avec une nourriture simple mais abondante. On tâ-

---

(1) Au nombre de 40 environ.

che de leur éviter les mauvaises fréquentations en organisant à leur intention des soirées récréatives, on veut gagner leur confiance pour être à même de les secourir, le cas échéant, ou de les tirer d'un mauvais pas.

Le Foyer de l'Ouvrier, 67, rue Violet, reçoit les jeunes gens de 15 à 25 ans. Au *Foyer des Jeunes*, 151, avenue Ledru-Rollin, ils ne sont admis que jusqu'à 20 ans.

Enfin, le *Palais du Peuple* auquel l'Armée du Salut a su intéresser de nombreux donateurs, s'est ouvert récemment au 25 de la rue des Cordelières : 500 chambres y sont réservées aux jeunes gens et aux hommes de tout âge de condition modeste : ouvriers, petits employés, étudiants sans fortune, etc...

Pour les femmes et les jeunes filles travaillant hors de chez elles et obligées de gagner leur vie, la charité protestante s'est montrée fertile en ressources. Elle s'est inquiétée de leur fournir à des prix modiques une nourriture reconstituante, elle a songé ensuite à les loger, afin de leur éviter les promiscuités pleines d'écueils des hôtels meublés. C'est en 1893 que des jeunes filles, ouvrières elles-mêmes, appartenant aux Unions Chrétiennes, eurent l'idée d'ouvrir, avec le concours de quelques dames bienfaitrices, le premier *Foyer de l'Ouvrière*. Ces foyers avaient pour but d'offrir aux jeunes ouvrières quelques-uns des avantages matériels et moraux dont elles étaient privées par l'éloignement de leurs familles, principalement aux heures des repas. L'œuvre se proposait en premier lieu de créer un ou plusieurs restaurants où seules les femmes seraient admises et où elles trouveraient une nourriture saine à des prix raisonnables. Elle mettrait en outre, si ses ressources le lui permettaient, un certain nombre de chambres meublées à la disposition des jeunes ouvrières isolées à Paris. Ce programme a été largement rempli, puisque actuellement quatre foyers situés dans des quartiers populaires de la capitale, enregistrent chaque jour une moyenne de 1.200 présences.

Outre une salle de restaurant, qui ne chôme jamais, la plupart des Foyers comportent une salle de lecture et de repos, et une bibliothèque. Entre midi et 2 heures les adhérentes peuvent s'y reposer, ou assister à des cours de langues, de gymnastique, de chant, d'enseignement ménager, de puériculture, etc. Certaines d'entre elles y sont à demeure; mais les places sont limitées et on n'accepte que les candidates fournissant des références. Enfin, une maison de vacances qui se trouve à Eau-Bonne est à la disposition des sociétaires.

L'Union Chrétienne des Jeunes Filles de la rue de Naples est un bel exemple de ce que peut réaliser la solidarité féminine. Elle se défend de vivre de la bienfaisance et se suffit à elle-même grâce aux ressources qui proviennent des cotisations de ses membres, de la location des chambres, et des bénéfices du restaurant. « L'esprit de l'Union », déclare-t-elle, « est un esprit de coopération et non de patronage. « *L'Union* n'est pas une œuvre dirigée par des fem- « mes chrétiennes désireuses de faire du bien, elle est « une association de femmes appartenant à toutes les « classes de la société qui s'unissent pour réaliser « un idéal de vie chrétienne, chacune y collaborant « selon son pouvoir et ses capacités. » C'est dire que rien ne se fait sans l'assentiment des adhérentes qui s'occupent activement de l'organisation des diverses branches d'activité et qui en assument la responsabilité et la gestion.

L'Union, qui est affiliée à « *l'Alliance Universelle* », qui compte plus d'un million de femmes, n'exige une profession de foi religieuse que de la part des sociétaires qui font partie du Comité directeur. Le restaurant et les chambres sont ouvertes à toutes les travailleuses honorables sans distinction de croyances. Deux succursales existent à Paris, rue

Boulard et rue Orfila, et une troisième a été créée à Bordeaux. La vie de l'association se canalise en plusieurs commissions auxquelles les jeunes filles participent volontairement, suivant leurs préférences et leurs capacités. La *Commission d'activité spirituelle* préside aux cercles d'études bibliques, et missionnaires, aux conférences d'évangélisation, etc. La *Commission d'activité intellectuelle* s'occupe de la bibliothèque, organise des cours (sténo, langues, danse, solfège, coupe, modes, etc...), des conférences sur des sujets d'art, de religion ou de morale, des causeries-débats à propos des événements d'actualité, des visites aux musées et aux monuments historiques.

D'autres Commissions dirigent l'activité sociale qui se manifeste par : des consultations médicales gratuites, un bureau de renseignements, un bureau de placement, une caisse de prêts et de secours alimentée par les contributions des unionistes elles-mêmes, des visites aux malades ou aux isolées. Une *Commission des sports* propage les bienfaits du scoutisme, de la natation, de la gymnastique, des jeux en plein air et du camping. Trois maisons de repos en pleine campagne sont à la disposition des sociétaires pendant la période des vacances.

« *Notre Foyer* » (9, rue Daunou), club et restaurant féminin fondé par l'association américaine des Y. W. C. A. se rapproche beaucoup par son organisation de l'Union de la rue de Naples. D'après l'article 3 de ses statuts son but est: 1° « Le développement des jeunes filles et des femmes au point de vue du corps, de l'esprit et de l'âme, tout en respectant les différentes convictions :

a) « Afin que chacune d'elles puisse s'acquitter d'une manière plus complète de la tâche qui lui est assignée au sein de la famille.

b) « Afin que toutes puissent être saisies du sentiment de fraternité à l'égard des femmes de toutes classes et de toutes nations, ainsi que du désir de collaborer avec elles en vue d'un ordre social plus chrétien.

2° La création pour les jeunes filles et les femmes d'un centre d'activité amical et joyeux, aux activités duquel peuvent participer toute jeune fille et toute femme sans distinction sociale ni confessionnelle. »

Des cours professionnels, des cours pratiques, des cours généraux, l'éducation physique sous toutes ses formes, des foyers de vacances, constituent quelques uns des avantages que le cercle de la rue Daunou offre à ses membres.

On peut citer encore parmi les homes d'inspiration protestante : « *Les Foyers de la Jeune Fille* », « *Le Foyer Féminin* », « *Le Cercle Amicitia* » (12, rue du Parc-Royal), « *Concordia* » (141, rue Tournefort), édifié par les soins d'une riche américaine, amie de la France. La *Maison d'Entre-Nous* et « *La Maison des Etudiantes* » s'adressent surtout aux travailleuses intellectuelles qui peuvent payer un prix de pension supérieur à celui qui est demandé aux locataires du « *Palais de la Femme* » (Armée du Salut) ou des *Foyers de l'Ouvrière*.

Nous avons vu que « l'Œuvre des Trois Semaines » réserve quelques-unes de ces maisons aux adolescentes, et que les Unions Chrétiennes peuvent loger un certain nombre de leurs membres à la campagne, mais les disponibilités de ces œuvres étaient bien loin de satisfaire les demandes des midinettes, ouvrières et employées qui aspirent au repos et au calme après le surmenage de l'hiver. Cette lacune fut comblée par *l'Association des Villégiatures du Travail Féminin* fondée en 1906 par Mme Jules Siegfried, et qui n'a cessé de se développer sous l'intelligente direction de Mlle Korn.

L'Association dispose à la campagne, à la montagne ou au bord de la mer de « maisons d'habitations confortablement installées, afin d'y recevoir au cours

de la belle saison, pendant quelques semaines, et parfois pendant quelques mois, des femmes avec ou sans
enfants et des jeunes filles qui, fatiguées par un labeur incessant, ont besoin d'un repos physique et
d'un réconfort moral qui leur permette de retrouver
la force et le courage indispensable pour la reprise
de leur travail ». Les admissions sont reçues sur recommandation; la pension est accessible aux bourses
les plus modestes, puisque, selon le lieu de villégia-
ture, elle oscille entre 7 et 12 francs pour les adultes
et autour de 5 francs pour les enfants. En 1927, l'œuvre disposait d'une douzaine de maisons situées principalement dans les départements d'Oise et de Seine-
et-Oise.

Depuis longtemps des femmes de cœur se sont pré-
occupées du sort des jeunes filles inexpérimentées
et naïves qui sont la proie facile de séducteurs professionnels ou de honteux trafiquants. C'est pour les
défendre et les protéger contre les embûches et les
louches tractations, que des dames protestantes appartenant à vingt nationalités différentes fondèrent à
Genève en 1877 l'*Union Internationale des Amies de
la Jeune Fille* qui étend ses ramifications dans toute
l'Europe. Les comités nationaux sont en relations
suivies avec le bureau international qui centralise les
renseignements et les résultats des enquêtes, et exé-
cute les démarches dont l'urgence lui est signalée. En
débarquant dans une ville inconnue ou dans un pays
étranger, toute jeune fille est assurée, grâce à « *l'Œuvre des Gares* » (qui est une branche de l'Union Internationale) de trouver une déléguée qui l'accueil-
lera avec cordialité, lui indiquera, et au besoin la con-
duira elle-même dans un des Foyers, d'où elle pourra
s'orienter en toute sécurité et en toute confiance. La
Société édite des journaux et des brochures où l'on
trouve, à côté de conseils pratiques et de considérations religieuses et morales, une liste pour chaque
grande ville des consulats, des églises et des homes

féminins où les voyageuses désemparées sont certaines de trouver protection et appui.

« *L'Union Française des Amies de la Jeune Fille* » a tenu son premier Congrès à Valentigney, en 1895. Elle a lutté avec énergie contre la « Traite des Blanches », et contre l'exportation clandestine de Françaises vers l'Amérique du Sud. Son action n'a pas cessé de se développer; elle agit de concert avec les ligues catholiques, de formation plus récente.

En 1911, une évangéliste de la mission Mac All, Mlle Savary, qui exerçait son apostolat dans une « *Fraternité* » de Montmartre, eut l'idée de constituer un Syndicat mixte de patronnes et d'ouvrières. Ainsi naquirent les « *Syndicats Chrétiens du Travail Féminin* », les uns s'adressant aux travailleuses de la couture et de la mode, aux fleuristes, aux plumassières, etc..., les autres faisant appel aux employées de bureau, aux sténographes, aux caissières. L'instigatrice de ces Syndicats espérait rapprocher les femmes, séparées les unes des autres par leurs conditions de vie, mais unies par un même idéal chrétien et que des intérêts professionnels rendaient solidaires. Elle pensait qu'au cours de réunions intimes, des sympathies naîtraient, et que, par contre-coup, certaines préventions injustifiées, certains préjugés de classe en seraient atténués. *L'Association Chrétienne du Travail Féminin* devait seconder les Syndicats Mixtes en groupant des non professionnelles qui les soutiendraient financièrement, et faciliteraient leur effort, en organisant des caisses de secours et de prêts, des ateliers de chômage, etc... Les patronnes s'engageaient à veiller dans leurs ateliers, au bien-être matériel et moral de leurs ouvrières, elles acceptaient de s'adresser de préférence au bureau de placement de l'association pour le recrutement de leur personnel.

Les Syndicats Féminins protestants rencontrèrent

peu d'encouragements, leur existence fut éphémère et peu brillante : aucun d'eux ne subsiste aujourd'hui.

Les Unions Chrétiennes

La présence en France pendant la guerre de milliers de membres des Y. M. C. A. qui se dépensèrent dans les ambulances, les hôpitaux, les Foyers du Soldat, et dans de multiples œuvres en faveur des combattants et de la population civile, permit au public français qui l'ignorait presque complètement de mesurer l'étendue et la puissance du mouvement unioniste. C'est à Londres, en 1844, que s'ouvrit la première « *Union Chrétienne de Jeunes Gens* » : celle de Paris inaugurée huit ans plus tard avec le concours d'Adolphe Monod, d'Edmond de Pressensé et de Louis Meyer, s'inspirait dans ses grandes lignes de l'association anglaise. La première assemblée générale avait lieu le 7 mai 1852. Le nouveau groupement définissait ainsi sa position religieuse et son programme social : « Protestante par son inspiration et « par ses origines, « *L'Union Chrétienne* » est indé- « pendante de toute église. Elle s'interdit toute pré- « occupation politique. Ses promoteurs n'entendent « pas imposer leurs convictions chrétiennes, mais les « proposer. Respectueuse de toutes les convictions « sincères, désireuse de répondre à toutes les nobles « aspirations de la jeunesse, l'Union Chrétienne est « largement ouverte aux jeunes gens qu'anime un « idéal de droiture. Elle veut en faire des hommes « physiquement, moralement et intellectuellement « forts, également capables de résister au mal dans « leur for intérieur, et de lutter pour le bien dans « tous les domaines de l'activité extérieure et mo- « rale. »

Dès 1858, on voulut que la solidarité fraternelle de l'association se manifestât par des applications pratiques. Une commission fut constituée pour visiter les prisonniers, une autre s'employa à trouver des situations aux sociétaires sans travail. Le mouvement s'étendit rapidement grâce à la collaboration des églises évangéliques et à l'ardeur de la jeunesse elle-même. Deux cents Unions réparties en 11 groupes régionaux rassemblent aujourd'hui des milliers d'adhérents ; elles se sont fédérées pour constituer : « *l'Alliance Nationale* », qui reçoit ses directives d'un comité central et se rattache à « *l'Alliance Universelle des Unions Chrétiennes* ». Les chefs de sections et les membres actifs doivent être des chrétiens sincères. Des membres associés, aucune déclaration religieuse n'est exigée : leur adhésion spontanée est une preuve tangible de la sympathie qu'ils éprouvent pour la morale de l'Evangile. Les unions sont autonomes et leur organisation intérieure ne relève d'aucun contrôle, mais toutes sont gouvernées par des jeunes gens et des laïques, particulièrement aptes à comprendre et à guider les hommes de leur génération ou de leur milieu.

La section de la Seine a son siège social à Paris, 14, rue de Trévise, et dispose de ressources importantes; les autres sections sont plus modestes, mais leur ligne de conduite est la même ; elles visent à fortifier les corps et à cultiver les esprits tout en élevant les âmes. « *L'Union de la rue de Trévise* » reçoit des pensionnaires. Dans son vaste local, elle met à la disposition de ses adhérents (étudiants, employés, plus rarement ouvriers), un restaurant, des salons de lecture, de conversation, de musique, un billard, des salles de conférences où ont lieu des réunions religieuses et sociales ou artistiques, un gymnase, une piscine, et, dans la banlieue, des terrains de jeux.

Les différents cercles de Paris et de province vivent en bonne intelligence, ils se retrouvent à l'occasion de meetings et de congrès; ils se renouvellent et se complètent par l'appoint des « *Sections Cadettes* », qui groupent les jeunes garçons de 10 à 16 ans. Depuis 1912, un *comité social* oriente les unionistes vers les études économiques ; il les initie aux doctrines coopératives et mutualistes et les invite à prendre une part active à la lutte contre les fléaux sociaux. L'Union parisienne de « Bon Secours », manifestait naguère son ardeur de propagandiste en occupant une baraque à la Foire au Pain d'Epices, et en y distribuant des tracts : ses membres engageaient avec les passants des controverses qui ne manquaient ni de saveur ni d'animation.

Nous n'insisterons pas sur les « *Unions Chrétiennes de Jeunes Filles* », que les foyers de la rue Daunou et de la rue de Naples ont suffisamment illustrées.

Les Eclaireurs Unionistes.

Ce sont des protestants qui ont introduit en France le scoutisme, né en Angleterre, sous l'impulsion du Général Baden-Powell. Les « *Eclaireurs Unionistes* » ont ouvert la voie ; à leur suite, se sont constitués le groupement laïque des « *Eclaireurs de France* » et le groupement catholique des « *Scouts de France* ».

Les « *Eclaireurs Unionistes* », qui sont aujourd'hui avec leurs meutes de louveteaux (garçons de 8 à 12 ans), près de 5.000, se sont greffés sur les sections cadettes des Unions Chrétiennes auxquelles ils ont infusé un regain de vitalité. Ils se rattachent souvent à une église, à un patronage, etc., d'autres fois, ils sont indépendants. Leur Comité National est composé de représentants des œuvres ou des institutions qui utilisent le scoutisme, et des délégués régionaux du mouvement. On sait que l'institution des Boy-Scouts, partout où elle a été adoptée, a donné d'excellents résultats. Elle se propose d'inculquer aux jeunes garçons qu'elle embrigade, le sens de l'honneur, de la responsabilité personnelle et de la loyauté : elle s'efforce de former des caractères, de forger des personnalités fortement trempées, sans peur et sans reproche, de développer une bonté sans sensiblerie, une discipline, sans servilité, un courage sans orgueil. Pour réaliser son dessein, le scoutisme veut : 1° embellir et fortifier le corps, par la vie au grand air, les exercices physiques, le camping, le sport, les travaux manuels; 2° embellir et fortifier les âmes par l'enseignement de la pureté, de l'héroïsme et de l'abnégation. La loi de la solidarité est mise en valeur; les enfants apprenant à s'entr'aider, les plus forts s'occupent des faibles, les plus jeunes aspirent à égaler leurs aînés par la bravoure ou la science. Le mouvement est essentiellement démocratique : sous l'uniformité du costume, les scouts sont égaux, seule la valeur individuelle les distingue. Les chefs éclaireurs, ayant mérité l'amitié des jeunes camarades qu'ils commandent, aborderont avec tact et franchise les sujets qui troublent le cerveau et le cœur des adolescents et que les parents redoutent d'entamer.

L'Éclaireur Unioniste, reconnu comme tel, prête serment : « Je promets, sur mon honneur, de faire « tout mon possible pour servir Dieu et la Patrie, « rendre service à tout moment, obéir à la loi de « l'Éclaireur. » Cette loi lui commande : « 1° de n'avoir qu'une parole; 2° d'être loyal; 3° de se rendre utile; 4° d'être l'ami de tout le monde et le frère de tous les autres éclaireurs; 5° d'être courtois; 6° d'être bon pour les animaux; 7° d'être discipliné; 8° d'être toujours de bonne humeur; 9° d'être courageux, débrouillard, décidé; 10° d'être tenace; 11° d'être travailleur; 12° d'être propre : dans son corps, dans ses paroles, ses pensées, ses actes. » Seuls, les chefs éclaireurs et les commissaires prennent un engagement religieux en signant la déclaration suivante : « Je m'engage à faire tout mon possible pour être fidèle à mon Sauveur et Chef : Jésus-Christ, et à suivre toutes les bonnes causes en conformant ma vie aux principes de l'Évangile ».

Les Foyers de l'Union Franco-Américaine, qui ont rendu de si grands services aux combattants alliés pendant la guerre, furent institués par les Y. M. C. A. des Etats-Unis, avec le concours des Unions Chrétiennes de France. L'œuvre, qui n'a aucun caractère confessionnel, se continue en temps de paix. Ses 150 foyers sont ouverts aux jeunes soldats qui, pendant leurs heures de liberté, peuvent s'y reposer, s'y distraire, s'y instruire et même s'y restaurer dans une atmosphère qui leur rappelle la chaude quiétude de la maison familiale. Aussi est-ce avec une sympathie bien naturelle que les parents soucieux des tentations auxquel leurs fils sont exposés, suivent le bel effort de préservation morale tenté par « L'Union Franco-Américaine ».

En faveur des étudiants et des lycéens des deux sexes, il existe des associations protestantes qui ne sont pas exclusivement réservées à des coreligionnaires. « *La Fédération des Associations Chrétiennes d'Etudiants* », avec ses foyers, ses restaurants, ses camps de vacances, englobe 28 groupes d'étudiants ou de lycéens et se rattache à la « *Fédération Universelle des Etudiants Chrétiens* ». Elle veut aider la jeunesse des écoles en butte à de graves difficultés matérielles, elle veut aussi la fortifier dans ses convictions religieuses et morales.

CHAPITRE X

I. *La lutte contre l'Alcoolisme et l'Immoralité.*
II. *Habitations à Bon Marché et Jardins ouvriers.*

A. *La lutte contre l'Alcoolisme*

Depuis une cinquantaine d'années, deux dangers
ont été, à maintes reprises, signalés par les sociologues et les hygiénistes, parce qu'ils compromettent
l'avenir de la race et l'existence même du pays : ce
sont la décroissance de la natalité, et l'alcoolisme. Du
premier écueil, nous ne parlerons pas, car, si des
protestants sont intervenus à titre individuel dans
la lutte contre la dépopulation, ils n'ont constitué aucune ligue et n'ont pas entrepris dans ce domaine une
action collective qui mérite d'être signalée (1). En
ce qui concerne l'alcoolisme, ils l'ont, au contraire,
combattu par tous les moyens.

Le groupement antialcoolique le plus puissant en
France, est, incontestablement, une ligue strictement
neutre et laïque qui n'impose aucun vœu à ses adhérents et les invite seulement à renoncer aux boissons
distillées ; c'est la « *Ligue Nationale contre l'alcoolisme* », qui résulte de la fusion de deux autres Sociétés (2) ; elle a provoqué des pétitions et inspiré des

---

(1) Indiquons cependant que depuis 1921, les protestants se font
représenter aux Congrès de la Natalité ; en 1925, le Conseil de la
Fédération Protestante envoyait au Congrès de Clermont-Fer-
rand une délégation de 12 membres.

(2) « Société Française de Tempérance » et « L'Union
Française Antialcoolique ».

projets de loi en faveur de la suppression de l'absinthe et de la limitation des débits de boisson.

La *Fédération Internationale des Sociétés de Tempérance de la Croix Bleue*, dont les bases furent jetées à Genève en 1877, est due à l'initiative protestante. Avec les autres ligues, elle préconise l'intervention législative pour interdire ou limiter la vente des boissons distillées et supprimer le privilège des bouilleurs de crû, mais les réformes extérieures ne lui suffisent pas, elle attribue à l'influence personnelle une importance primordiale. La branche française de la « *Croix Bleue* », qui date de 1893, étend sur une quinzaine de régions le réseau de ses sections. Sa propagande s'exerce de deux manières : 1° *Collectivement,* par la diffusion de tracts, de brochures, d'almanachs de tempérance, par l'affiche et par la presse, par l'installation de cafés et de restaurants antialcooliques qui ne détiennent pas de boissons fermentées. Elle dépêche des conférenciers à travers le pays : elle a même mis à profit telle période électorale, pour présenter des candidats fictifs, qui lui donnèrent les moyens de faire gratuitement une bruyante publicité. 2° *Individuellement,* en s'adressant directement à l'alcoolique et au buveur invétéré, en lui faisant saisir sa dégradation et l'ultime déchéance qui l'attend s'il ne s'arrache pas au vice, dont les enfants qu'il procréera subiront les inguérissables atteintes. On s'en prend à sa sensibilité, à ses convictions religieuses, s'il en a encore, enfin, on tâche de provoquer un sursaut de volonté qui le décidera à signer un engagement d'abstinence totale qui comporte la promesse suivante : « Je promets, « avec l'aide de Dieu, de m'abstenir pendant...... à « partir d'aujourd'hui, sauf usage religieux ou pres- « cription médicale, de toute boisson enivrante, et « d'en combattre l'abus chez autrui. » Le temps d'engagement est de courte durée, il est toujours renouvelable et ne dépasse pas un an, au maximum.

La Croix Bleue exige donc l'abstinence complète qui exclut toutes les boissons alcoolisées, qu'elles soient fermentées ou distillées. Cette prétention (au temps où les pays « secs » n'existaient pas encore), parut à plusieurs, exagérée, chimérique et susceptible de décourager les mieux intentionnés et les plus résolus. Cependant, il est démontré scientifiquement que pour l'alcoolique, comme pour le toxicomane qui fait usage de stupéfiants, le sevrage seul est efficace et peut assurer un sauvetage définitif. En signant, l'alcoolique a accompli un premier effort, et, s'il a conservé quelque sens de l'honneur, il ne voudra pas commettre un parjure. L'adhésion des gens sobres ne vaut que comme exemple et comme encouragement : l'abstinent qui signe par esprit de solidarité sera mieux placé pour prêcher la tempérance, en vanter les mérites, et provoquer des engagements nouveaux. La Société « *l'Espoir* » a surtout une mission prophylactique ; elle enrôle des adolescents qui s'habitueront à ne jamais consommer d'alcool et qui apprécieront par eux-mêmes les vertus de l'abstinence. L'engagement est similaire à celui de la Croix Bleue, temporaire et renouvelable : les jeunes gens mineurs ne pourront le signer qu'avec l'autorisation paternelle. Mentionnons enfin « *La Ruche* », du Pré-Saint-Gervais, fondée par le pasteur Robin, et qui est le premier asile de relèvement pour buveurs qui ait été créé en France.

B. *La Lutte contre l'Immoralité*

Une quakeress, Elizabeth Fry, avait plaidé la cause des prisonnières malheureuses ; c'est encore une Anglaise qui devait jeter le cri d'alarme en faveur des femmes déchues, et soulever l'indignation de tous les hommes justes contre cette iniquité moderne qu'est l'organisation officielle de la prostitution.

C'est après la mort de sa fille, en 1864, que *José-*

phine Butler résolut de consacrer sa vie à sauver les femmes qu'une morale hypocrite qualifie avec dédain de « *filles perdues* ». Visitant les bouges, les refuges, les hôpitaux, elle étudia à fond la situation de ces créatures pitoyables entre toutes. Sa conviction étant faite, bravant les sarcasmes, les menaces, les résistances de toutes sortes, elle entreprit par la parole, par la presse, par des interventions auprès des gouvernements, une campagne ardente contre la Réglementation. Son apostolat se poursuivit jusque sur le continent où elle rencontra de fervents adeptes : c'est à l'occasion d'un de ses voyages que fut constituée, en 1882, la « *Fédération Britannique Continentale et Générale* », qui se transforma bientôt en « *Fédération Abolitionniste* », englobant plusieurs sections nationales, dont une *Branche Française*.

C'est à Paris que le pasteur Fallot fit la connaissance de Mme Butler, qui avait été chaleureusement accueillie par Georges Appia et Yves Guyot. Convaincu comme elle de l'urgence d'une réforme complète des mœurs, il considérait la femme tombée moins comme une coupable que comme une victime de la société, dont la justice la plus élémentaire, exige la libération. Sous son impulsion, un comité parisien de la « *Fédération Abolitionniste* », composé exclusivement de protestants, se réunit, en 1882, sous la présidence du Dr Gustave Monod, pour protester contre l'existence de *Maisons de Prostitution*, protégées par l'estampille gouvernementale.

On ne tarda pas à se rendre compte que cette propagande serait plus efficace si elle émanait d'une société strictement neutre sur le terrain philosophique et religieux. Aussi est-ce sur ce principe que fut fondée, en 1883, *La Ligue Française pour le relèvement de la Moralité Publique*, avec le concours de Gaufrès, Pressensé, Raoul Allier, Léopold Monod, etc. Fallot fut nommé secrétaire général et remplit cette fonction pendant huit années avec dévouement et courage. Se dépensant sans compter, il organisa des centres régionaux, et prit la parole devant des auditoires populaires dans plusieurs grandes villes, telles que Paris, Lyon, Marseille, etc., en faveur de ce que son biographe, M. Marc Boegner, appelle « la grande Croisade pour la Femme ». Il réclame pour « *la femme esclave* » (c'est le titre de sa conférence à Marseille, en 1882), le droit commun, et l'abolition d'une réglementation abusive et illégale, qui porte atteinte à son indépendance et à sa liberté, et la maintient arbitrairement dans une profession qui l'avilit. Il demande la suppression de la police des mœurs, qui, toute puissante, emploie des procédés scandaleux, et qui, sous l'hypocrite prétexte d'appliquer une loi, d'ailleurs inexistante, et de protéger la santé masculine, fait régner un régime de crainte, de mensonge et de délation.

Mais Fallot ne s'en tient pas aux apparences. Il sait qu'il ne suffit pas de fermer les Maisons Publiques et d'abolir la prostitution légale : il faut s'en prendre aux causes économiques et sociales qui contraignent tant de femmes à descendre dans la rue pour subvenir à leurs propres besoins et à ceux de leur famille ou pour compléter un salaire dérisoire qui ne peut les faire vivre. Il estime qu'en relevant les salaires féminins, et en accordant à la femme les droits politiques qui lui permettront de défendre ses intérêts, on frappera le mal à sa source, et qu'on portera à l'immoralité patentée un coup décisif. Il préconise pour les deux sexes une morale identique, un même idéal de pureté. Fallot est, on le voit, résolument féministe : il demande pour les femmes la capacité civique, une équitable rétribution de leur travail, et la libre disposition de leurs gains personnels, que la loi de 1907 leur assurera imparfaitement. « Nous voulons », — écrit-il à sa mère, — « que nos « mœurs et nos lois soient inspirées par le respect « de la femme, par conséquent qu'on donne une édu-

« cation toute différente aux jeunes filles et qu'on
« prépare, à côté d'hommes capables de respecter la
« femme, des femmes capables de se faire respec-
« ter... Il faut créer de nombreux débouchés à l'acti-
« vité de la femme... Il faut que l'ouvrière ait un droit
« absolu sur son salaire, ou, si elle ne gagne pas, sur
« une portion du revenu commun, afin de pouvoir le
« sauvegarder contre un mari ivrogne ou débauché.
« Nous voulons, en un mot, relever le foyer en rele-
« vant la situation de la femme. » (1)

La *Ligue Française pour le Relèvement de la
Moralité Publique*, adoptait intégralement le programme de la *Fédération Abolitionniste*, mais elle le
complétait, en l'élargissant. D'après sa Déclaration
de Principes, rédigée par Fallot, elle a pour but :

Article premier. — « Le relèvement de la moralité
« publique et la réforme des lois civiles et des règle-
« ments concernant la femme ».

Article 2. — « Elle entend provoquer un réveil de
« la conscience publique en attaquant les préjugés
« qui engourdissent les âmes et obscurcissent les in-
« telligences. Elle fera également une guerre di-
« recte et impitoyable aux institutions mauvaises qui
« offrent à chaque génération une leçon pratique de
« corruption systématique. »

Dans son article 5, la Ligue revendique pour la
femme « l'exercice des droits civils et, comme pour
tout être humain, le droit de faire son devoir, c'est-
à-dire la possibilité de réaliser sa destinée ». Elle
« proteste en particulier contre les conséquences ini-
« ques de l'article 340 du Code Civil. La loi, en in-
« terdisant la Recherche de la Paternité, établit l'ir-
« responsabilité dans le libertinage et fait supporter
« à la femme toutes les conséquences d'un geste
qu'elle n'a pas été seule à commettre. »

La ligue s'attaqua tout d'abord à la réglementa-

---

(1) Bœgner : Op. cité, T. II, p. 119.

tion officielle, de la débauche, mais ses efforts furent couronnés de peu de succès; elle ne put surmonter l'indifférence générale ni vaincre une opposition systématique, aussi résolut-elle de concentrer son action sur la pornographie et les jeux de hasard. La campagne contre les « publications obscènes et corruptrices » fut inaugurée en 1888 et appuyée au Sénat par MM. de Pressensé et Bérenger, à la Chambre par M. Frédéric Passy. Cette fois-ci la propagande réussit pleinement et elle parvint à soulever un mouvement d'opinion. La question fut agitée dans la presse, une pétition se couvrit de signatures, enfin des circulaires gouvernementales enjoignirent aux préfets et aux membres du Parquet, de veiller à l'application des lois déjà existantes sur les publications contraires aux bonnes mœurs, et de réprimer sévèrement toutes les infractions.

En 1892, *l'Emancipation* de Nîmes, le journal coopératif de M. de Boyve, devenait l'organe officiel de la ligue. L'année suivante, le pasteur Comte qui s'était joint, d'enthousiasme, au mouvement, succédait au pasteur Fallot, qui, doutant des possibilités de redressement des masses populaires et souffrant de ne pouvoir exprimer ouvertement sa foi religieuse, préférait se retirer de la lutte et démissionnait. Orateur populaire, polémiste éprouvé et journaliste habile, aussi bien qu'ardent chrétien, le pasteur Comte allait donner à l'association une impulsion inespérée.

« Citoyens », s'écriait-il — en s'adressant aux ouvriers socialistes venus pour l'écouter à la Bourse du Travail de Saint-Etienne, — « vous ne serez des hommes vraiment libres, vraiment altruistes, vraiment dignes d'un ordre supérieur, que le jour où vous organiserez la grève de la chair à plaisir dans un mouvement de sublime révolte de la conscience; vous exigerez au nom de vos femmes et de vos filles, qu'on nettoie les règlements administratifs, et le Code de tout ce qui consacre l'inégalité de la femme devant la loi morale ». Les travailleurs stéphanois écoutèrent avec attention et respect les diatribes d'un homme qu'ils avaient plus d'une fois choisi comme arbitre, et qui avait pu, grâce à son autorité, régler à l'amiable des différends entre employeurs et employés, et éviter ainsi des grèves redoutables.

Le journal « l'*Emancipation* » n'atteignait qu'un nombre limité de lecteurs ; afin d'étendre l'influence de la ligue, Comte lançait, en 1893, « *Le Relèvement Social* », qui tirait à 5.000 exemplaires, il s'assurait la collaboration de MM. Fallot, Rostand, Desjardin, Gide, Allier, etc., et remplissait lui-même les fonctions de rédacteur en chef. Indifférent aux complicités politiques et aux puissances financières, Comte fonça courageusement sur l'immoralité et l'impureté, partout où elles s'étalent, arrachant les masques, débridant les abcès, mettant les plaies à nu. Il dénonça la littérature faisandée, la démoralisation par le théâtre, par les journaux et les illustrations licencieuses ; il stigmatisa le fléau du jeu et le Pari-Mutuel, il dévoila les méfaits de la police des mœurs et de la réglementation du vice. Par son action personnelle, ses discours et ses articles, il contribua à faire voter la loi du 19 mars 1898, et provoqua la réunion d'un *Congrès National contre la Pornographie*. Il ne se retira de la ligue qu'en 1921 ; M. Ponrésy lui succéda et continua son action.

« *L'Etoile Blanche* », autre ligue contre l'immoralité publique et privée, fondée à Lille et Roubaix, en 1899, par les pasteurs Gounelle et Quiévreux, a pour but, « de signaler à l'attention de toutes les consciences droites, la décadence morale qui menace notre pays et de combattre le fléau de l'immoralité sous toutes ses formes ». Elle veut préserver la jeunesse et apprendre aux parents à élever leurs enfants dans un idéal de pureté et de droiture. Elle se distingue des autres groupements en ce qu'elle s'adresse à l'individu, en particulier, dans l'espoir de susciter des personnalités vertueuses et fortes qui imposeront le respect par l'élévation de leur caractère et la noblesse de leur vie. Aussi ses membres actifs signent-ils un engagement ainsi conçu : « Je suis ré-« solu... à m'abstenir de tout ce qui est contraire à « la pureté et, dans la mesure de mes forces, à lutter « contre toutes les manifestations de l'immoralité, « et à travailler à la réforme morale de la jeunesse, « du foyer et de la société. »

« *L'Etoile Blanche* » combat la Réglementation, la traite des Blanches, les jeux de hasard et la pornographie. Bien qu'appuyée par les Unions chrétiennes et se réclamant de l'esprit du Christ, elle ne fait pas de prosélytisme religieux. Ses sections locales entreprennent des enquêtes, organisent des conférences, et des soirées artistiques, elles propagent leurs idées au moyen de brochures, de tracts, de films cinématographiques et d'affiches nombreuses. Les sections féminines dirigent plus spécialement les réunions de mères de famille, les bureaux de placement, les œuvres de soldats; elles ont constitué un groupement populaire « *Le Sou des Mères* » : chaque mère adhérente verse mensuellement un sou, et reçoit tous les mois une petite feuille qui développe familièrement des questions de morale, d'hygiène et d'éducation.

La plupart des membres de la « *Ligue de la Moralité Publique* » (1) et de « *l'Etoile Blanche* » se sont déclarés partisans du vote des femmes; avec les animatrices du féminisme que furent Mmes de Witt-Schlumberger et Siegfried, ils ont considéré que l'accession des femmes à la vie politique modifierait juridiquement et économiquement leur condition dans la société et que cet affranchissement civique et moral

---

(1) Depuis 1924 il existe une « Association Protestante Marseillaise pour la Moralité Publique ». Son Comité de Vigilance signale tous les faits d'excitation à la débauche qui constituent des délits, et intervient auprès des autorités publiques pour l'assainissement moral de la rue.

influerait sur elles d'une façon heureuse en leur donnant un sens plus vif de leur valeur, de leur responsabilité, et de leur dignité personnelle.

En ce qui concerne la réglementation de la prostitution, la « *Commission Protestante* » au septième
Congrès de la Natalité, se prononçait sans ambiguité
et adoptait, à l'unanimité, l'ordre du jour de son rapporteur, en faveur de l'abolitionnisme... « Considé-
« rant que la manifestation la plus dangereuse de
« l'immoralité publique est l'organisation de la régle-
« mentation par les pouvoirs publics, d'une prostitu-
« tion de caractère officiel..., elle adresse un appel
« pressant au « *Conseil de la Fédération Protes-*
« *tante* », et lui demande d'intervenir officiellement
« auprès du Gouvernement et du Parlement, afin que
« la France abolisse résolument un régime qui est
« pour la famille française, un des facteurs les plus
« notoires de stérilité. » Elle « insiste auprès de tou-
« tes les églises protestantes de France, pour qu'elles
« apportent le concours de toutes leurs forces spiri-
« tuelles à la campagne entreprise par les associa-
« tions de moralité interconfessionnelles et laïques,
« afin d'obliger les autorités locales et départemen-
« tales, à supprimer au plus tôt des foyers de cor-
« ruption qui font une œuvre de contre-éducation et
« comprometten le travail de toutes les œuvres de
« jeunesse, religieuse et laïques. »

De longue date, les protestants français ont été des
abolitionnistes convaincus. C'est à un maire protestant, M. Schlumberger, que revient l'honneur d'avoir,
après quatorze années de lutte opiniâtre contre les
autorités allemandes, fait de Colmar, en 1881, la première ville d'Europe à se libérer du réglementarisme.
Les maisons publiques y sont supprimées depuis 40
ans, et on n'a eu qu'à se féliciter de cette mesure.
L'état sanitaire à Colmar est excellent et la proportion des maladies vénériennes y est très inférieure à
celle des autres garnisons.

Avec les abolitionnistes de tous les pays, les protestants ont mis en valeur les arguments juridiques, moraux et hygiéniques qui militent en faveur de cette réforme. On sait qu'en France aucune loi ne sanctionne le pouvoir exhorbitant et discrétionnaire que s'adjuge une police spéciale, en appliquant arbitrairement à la prostitution, les articles du Code, en vertu desquels les municipalités sont responsables de l'ordre et de la santé publique (1). C'est par un abus de pouvoir véritablement scandaleux que la femme de mœurs légères, pourra être, sans avoir commis aucun acte délictueux, appréhendée, incarcérée, soumise de force à une visite médicale, et mise en carte, même contre sa volonté. Elle n'aura même pas le droit de réclamer, comme un inculpé ordinaire, l'assistance d'un avocat et d'invoquer les témoignages susceptibles de la disculper. Rien ne saurait justifier cette violation de la liberté individuelle qui frappe une catégorie de femmes tout en assurant l'impunité à leurs complices masculins qui ne sont eux, astreints à aucune surveillance médicale et qui n'ont aucun compte à rendre sur leurs agissements. Cette inégalité flagrante suffirait à elle seule à proscrire un régime que (la France et l'Italie exceptées) presque tous les pays d'Europe ont successivement rejeté. On souligne encore l'attitude paradoxale de l'Etat qui, sous prétexte de circonscrire la débauche, la protège en l'entourant d'illusoires garanties scientifiques, et l'élève au rang d'une institution patentée.

A la suite des scandales qui se produisirent à Strasbourg, à l'occasion d'une Fête Fédérale de Gymnastique, les protestants strasbourgeois menèrent une active campagne aux côtés de catholiques éminents, comme le Professeur Gemähling; leurs protestations énergiques eurent raison de toutes les op-

---

(1) Loi du 5 avril 1884, art. 91-94, art. 97 : « Le maire doit par dessus tout assurer le bon ordre, la sécurité et la salubrité publique ».

positions et, à l'heure actuelle, les maisons closes de Strasbourg sont toutes fermées.

Dans un domaine où les préjugés sont tenaces, la cause abolitionniste a fait de grands progrès en France depuis quelques années, deux commissions importantes : « *la Commission extraparlementaire du régime des mœurs* », et, plus récemment, « *la Commission de Prophylaxie des Maladies Vénériennes* » instituée auprès du Ministère de l'Hygiène, se sont ralliées à sa thèse.

B. Habitations a Bon Marché

Avec l'avènement de l'industrialisme, et le brusque afflux des populations laborieuses vers les centres urbains, le problème du logement a revêtu une gravité exceptionnelle. Des milliers de travailleurs, dont un grand nombre étaient chargés de famille, vinrent s'établir dans des villes, où rien n'était préparé pour les recevoir, ils durent, dans des conditions, déplorables par le manque d'hygiène et la promiscuité, s'entasser dans de vieilles bâtisses, foyers de tuberculose et de vices, aussi néfastes à la santé du corps qu'au développement moral de la jeunesse. « Le seul moyen d'accroître l'attachement au foyer domestique », a dit Jules Simon, « est de donner un logement attrayant, car le logement hideux est le pourvoyeur du cabaret ». Les taudis sont à l'origine de la plupart des fléaux sociaux, ils sont une des causes de l'alcoolisme et de la débauche et ils sont incontestablement un des facteurs essentiels de la mortalité infantile.

Les habitations salubres et à bon marché ont été conçues selon deux types différents : ce sont tantôt des immeubles imposants entourés parfois de jardins, et divisés en une multitude de petits logements individuels (cette forme se rencontre surtout dans les grandes agglomérations où le terrain est très onéreux), tantôt de petites maisons séparées les unes des autres, bordées d'un jardinet, et dont une ou deux familles ont la jouissance. Ce dernier type semble être supérieur à celui de l'habitation collective, car il permet à chaque ménage de mener une existence indépendante, à l'abri des voisinages indiscrets ; il développe le sens familial, et donne au locataire le moyen d'orner et d'embellir sa demeure, à laquelle il s'attachera d'autant plus qu'elle se distinguera des autres par quelque originalité.

En matière de logement, comme en matière d'assistance et de prévoyance, c'est aux industriels d'Alsace que revient le mérite d'avoir posé les premiers jalons.

Dès 1835, M. André Kœchlin faisait construire de petites maisons avec jardinet, que l'on louait aux travailleurs pour un prix modique. En 1851, Jean Dollfus fondait avec l'appui de la « Société Industrielle » la « *Société Mulhousienne des Cités Ouvrières* » qui édifiait des maisons de quatre pièces, avec cour et jardin, et les louait au prix coûtant, avec promesse de vente, à des familles ouvrières. Celles-ci devenaient propriétaires au bout de quinze ou vingt ans, en versant régulièrement des mensualités peu élevées, qui représentaient à la fois le prix du loyer et une prime d'amortissement, en vue de l'acquisition définitive. L'argent représentant l'amortissement était réemployé en constructions nouvelles : 1.200 maisons furent ainsi bâties à Mulhouse, et la Société subsista jusqu'à ce que celles-ci fussent toutes vendues. Colmar, Guebwiller, d'autres villes alsaciennes, voulurent à leur tour avoir des cités ouvrières, et leurs entreprises recueillirent le même succès.

Aujourd'hui, les habitations à bon marché, lorsqu'elles sont dues à l'initiative patronale, encourent la méfiance des travailleurs à qui elles sont destinées. Il déplaît à ces derniers d'être les obligés de leurs employeurs et d'être en quelque sorte tributaires de l'industrie à laquelle ils sont attachés, puisque, en se déplaçant, ils perdraient les avantages qu'une location prolongée leur confère. C'est pourquoi, les philanthropes s'adressent plus volontiers maintenant à des Sociétés anonymes : commanditées ou subventionnées par des industriels, elles n'en demeurent pas moins autonomes et, en s'interposant entre les employés et leurs patrons, apaisent les susceptibilités et rétablissent la confiance. Ces Sociétés sont le plus souvent montées par actions : elles obtiennent parfois leurs fonds de Sociétés Coopératives qui disposent de réserves importantes.

Au lendemain de la guerre de 1870, c'est encore un alsacien protestant, M. Jules Siegfried qui proclamera l'inhumanité des logements insalubres et s'efforcera d'obtenir des particuliers, une aide financière, et du Gouvernement, une politique sociale réalisatrice. Il ouvrira lui-même la voie, en constituant en 1871 avec M. Frédéric Mallet, dans la ville qu'il devait représenter successivement comme conseiller municipal, maire et député, une « *Société Havraise des Cités Ouvrières* », qui se proposait de construire au Havre et dans les environs, des maisons de quatre pièces à l'usage d'une seule famille, auxquelles on adjoindrait si possible une cour et un jardin. On projetait : 1° « L'acquisition des terrains nécessaires « aux constructions et à leurs dépendances, et à « l'établissement, s'il est besoin, de rues, égouts, la- « voirs et autres accessoires qui pourront être re- « connue utiles; 2° la location des dites maisons et « dépendances à des prix modérés; 3° la vente suc- « cessive de ces immeubles à toutes personnes, et en « particulier, à des contremaîtres et à des ouvriers. » Le loyer était calculé — amortissement compris — sur la base de 10 % par an du prix de revient de chaque maison; l'occupant devenait propriétaire au bout de quatorze ans environ. La Société (qui ne percevait aucun bénéfice) réussit pleinement : toutes les maisons trouvèrent preneur et furent vendues sans difficulté.

M. Siegfried ne se contenta pas de mettre à la disposition de ses administrés des logements hygiéniques et économiques, il présida encore en 1889 à la création de « *la Société Française des Habitations à Bon Marché* » qui avait pour but, non de construire elle-même, mais « d'encourager dans toute la France la construction par des particuliers, des administrations ou des sociétés locales, de maisons salubres et à bon marché, ou l'amélioration des logements existants ». Elle propageait « les moyens propres à faciliter aux employés, aux artisans et aux ouvriers l'acquisition de leurs habitations » et, à cet effet, elle mettait à la disposition des intéressés, des modèles de statuts et de baux, ainsi que tous les documents et renseignements nécessaires. La Société s'interdisait toutes les opérations de prêts, d'emprunts ou d'achats de terrains, ainsi que toute manifestation politique ou religieuse. Elle faisait connaître ses principes en publiant un bulletin, en organisant des concours et des conférences de vulgarisation; elle attribuait aussi des subventions, dans les limites de ses disponibilités.

A partir de 1898, la « *Société de Crédit des Habitations à Bon Marché* » compléta cette action théorique en consentant aux Sociétés d'Habitations à Bon Marché, constituées d'après la loi de 1894, des prêts, avec ou sans garantie hypothécaire, et en assumant toutes les responsabilités, vis-à-vis de l'Etat. En 1892, M. Siegfried qui allait devenir Ministre du Commerce sous le gouvernement Ribot, déposait un projet de loi en faveur des Habitations à Bon Marché; il démontrait que le taudis est un véritable danger national : « Au point de vue moral », écrivait-il, « on peut dire du logement malsain qu'il est le dissolvant de la vie de famille. »

Le projet aboutissait deux ans plus tard et devenait la *loi du 30 novembre 1894*, qui accorde aux maisons individuelles ou collectives (présentant certaines conditions exigées par l'hygiène, et dont la valeur locative ne dépasse pas un certain chiffre) des avantages tels que : exonération pendant douze ans de la contribution foncière, exemption de la taxe des biens de mainmorte, enregistrement gratuit des actes légaux, faculté de laisser une maison dans l'indivision après le décès du propriétaire ou de son conjoint, etc...

En créant le Bien de famille insaisissable (Homestead), la *loi Ribot du 12 juillet* 1909 facilita l'accès de la propriété foncière aux petits cultivateurs et aux ouvriers agricoles.

La question de l'habitation ne devait pas absorber toute l'attention du député de la Seine-Inférieure qui se fit le champion de toutes les lois d'intérêt social. Il intervint à la Chambre en 1914 pour réclamer la suppression du « privilège des bouilleurs de crû », et en 1918 pour demander l'interdiction de toute vente de boissons distillées, enfin, il défendit au Parlement les droits des femmes et seconda en toute occasion Mme Julie Siegfried, au cours de ses campagnes féministes. M. Siegfried dota encore la ville du Havre de plusieurs institutions d'intérêt collectif : il fonda une « *Ecole Supérieure de Commerce* », un « *Bureau Municipal d'Hygiène* » (le premier du genre inauguré en France) et un cercle ouvrier : le « Cercle Franklin » édifié sur les mêmes bases que celui de Mulhouse.

En province, de nombreuses Sociétés d'habitations ouvrières se fondèrent à l'instar de celle du Havre, nous ne signalerons que la *Société Bordelaise des Habitations à Bon Marché* qui a été créée par des philanthropes protestants. Cette Société, qui date de 1893, comprend plusieurs groupes de maisons individuelles et peut héberger une centaine de ménages destinés à devenir propriétaires de leur logement.

Les maisonnettes comportant au minimum quatre pièces, elles sont munies d'eau et du gaz ; dans celles qui sont de construction plus récente, des bains-douches ont été aménagés.

En instituant des « *Offices Publics d'Habitations à Bon Marché* » qui construisent pour le compte des municipalités ou de l'Etat, la loi de 1912 a substitué aux entreprises particulières, des organisations officielles.

Les jardins ouvriers

On cite fréquemment les ravissantes cités-jardins de Bournville et de Port Sunlight en Angleterre, de Dayton, aux Etats-Unis et l'on est tenté de rabaisser les efforts infiniment plus modestes, mais non moins intéressants, entrepris en France pour permettre aux travailleurs des villes de posséder un lopin de terre qu'ils cultivent à leur guise. Ces cités ouvrières sont souvent embellies par des jardins qui entourent les constructions, mais ceux-ci sont conçus pour l'agrément plutôt que pour l'utilité. C'est au contraire, dans le but d'asister, par le travail de la terre, des familles ouvrières, qu'une dame protestante de Sedan, propriétaire d'une manufacture de draps, Mme Hervieu, fonda en 1893 « *La Reconstitution de la Famille* ».

Cette société résultait d'expériences répétées et concluantes, la bienfaitrice n'ayant rien abandonné au hasard ou à l'improvisation. Quatre années auparavant, Mme Hervieu, qui avait aidé à diverses reprises une famille de dix personnes, sans parvenir à l'arracher à la gêne et au dénuement, résolut d'essayer d'un mode d'assistance plus efficace, en demandant à ses protégés de collaborer avec elle. Pour leur constituer un petit capital, elle versa mensuellement 6 francs à leur compte, à la Caisse d'Epargne, ils devaient eux-mêmes compléter cette somme en y ajoutant trois francs supplémentaires. Lorsque le dépôt eut atteint 108 francs, elle loua pour eux une pièce de terre à Fleing, aux environ de Sedan, et leur acheta les engrais et les semences indispensables. La famille se mit d'abord à la culture sans grand enthousiasme, mais elle constata bientôt que son travail était productif et que le capital épargné lui fournissait, grâce à la fertilité de la terre, un revenu fort appréciable. La tentative ayant réussi il était désirable de la renouveler sur une plus grande échelle, et c'est ainsi que l'œuvre fut créée. Elle se proposait : 1° « d'aider l'honnête ouvrier à élever ses enfants, « sans blesser sa dignité ; 2° de prendre sous sa pro- « tection morale l'enfant, dès son entrée dans la vie, « de le suivre et de le guider durant toute son exis- « tence ; 3° de lutter contre l'aumône et les secours « fractionnés ; 4° d'employer l'argent recueilli pour « fournir du travail à l'ouvrier en chômage. »

Le jardin ouvrier offre un intérêt à la fois matériel et moral : il procure, pendant ses loisirs, au travailleur de la ville une occupation saine et rémunératrice, il donne à ses enfants le goût de la terre et des champs, il l'éloigne du cabaret, il l'attache à son foyer, il peut même assurer la subsistance de toute une famille.

La « *Reconstitution de la Famille* » acheta des terrains d'une superficie de 20 hectares ; elle les divisa en parcelles, et en céda gratuitement la jouissance à 21 familles, sous la condition que celles-ci les cultiveraient de leur mieux. Les semences et les engrais furent remis gracieusement. Au bout d'un an, une redevance était exigée si la terre n'avait pas suffisamment rapporté ; dans le cas contraire, le prêt était renouvelé, sans indemnité. Le succès fut complet : une mise de fonds de 530 francs avait permis, par la culture potagère, de nourrir 145 personnes ! Vingt ans après sa fondation, l'œuvre assitait, avec ses jardins, plus de 350 familles. En 1913, Mme Hervieu donnait sa démission, la « *Reconstitution de la Famille* » se transformait en « *Œuvre Terrienne Sedanaise des Jardins Ouvriers* ».

L'assistance par la terre, à laquelle Mme Hervieu avait donné une première impulsion, n'allait pas tarder à se généraliser. Elle fut surtout développée par des Associations Catholiques, et prit, en 1896, une grande extension avec « *La Ligue du Coin de Terre et du Foyer* », à laquelle l'abbé Lemire se consacra avec un zèle admirable.

Il ne semble pas que beaucoup de protestants se soient, à titre collectif, intéressés aux jardins ouvriers. Il convient néanmoins de citer : 1° La « *Socié-Havraise des Jardins Ouvriers* » dont M. Siegfried fut l'instigateur et qui a pour objet l'acquisition de terrains qu'elle loue ou qu'elle vend à des ouvriers qui désirent un jardin, avec, ou sans intention d'y bâtir (la vente de l'alcool est interdite sur les terrains de la Société); 2° « *l'Œuvre d'Assistance par la Terre* » de l'Eglise Réformée de Saint-Quentin (1).

Le diaconat de cette paroisse eut l'idée de louer, à ses frais, des parcelles de terrain qu'il prêtait à des ouvriers auxquels il distribuait gratuitement, la première année, semences et engrais. L'Eglise Protestante de Saint-Quentin assista ainsi, en 1906, 11 familles composées de 72 personnes.

---

(1) *Bulletin de la Ligue du Coin du Feu et du Foyer,* fév. 1906.

CHAPITRE XI

Les Diaconats. — L'Armée du Salut. — L'Aide aux prisonniers. — L'Assistance par le Travail. — Mutualité et Prêts gratuits.

La charité protestante s'exerce, tant à Paris qu'en province, au moyen de nombreuses *Sociétés de Bienfaisance* (une trentaine d'entre elles ont été reconnues d'utilité publique), qui distribuent des secours en argent et en nature aux vieillards, aux malades et aux enfants. Au sein même des Eglises Réformées, subsistent les diaconats institués en 1557, et réorganisés au cours du XIXᵉ siècle. Composés de pasteurs et de laïques, ils ont pour mission de secourir les pauvres de la paroisse, et de venir en aide à ceux de ses membres qui sont dans le besoin. Les diacres visitent les malades, les infirmes, les affligés, accordent des secours de loyer, s'occupent du placement des sans-travail, et, selon les circonstances, de rapatriement ou d'admission dans les asiles, les hôpitaux, les orphelinats, etc... Depuis la loi de 1905, la plupart des diaconats se sont constitués en associations de personnes; ceux de la région parisienne se sont fédérés pour constituer la « *Délégation Générale des Diaconats Réformés du Département de la Seine* », qui gère la caisse centrale et répartit entre les paroisses pauvres l'excédent des paroisses riches. Elle s'intéresse également aux questions d'assistance et de placement, subventionne certaines institutions, et, secondée par un Comité de dames, entreprend des démarches et des enquêtes en faveur de ses coreligionnaires auquel elle peut, en cas d'urgence, accorder des secours immédiats. Elle s'est adjoint une « *Association de Bienfaisance* », qui a capacité pour recevoir des dons ou legs, au profit de l'ensemble des protestants pauvres domiciliés à Paris et dans le département de la Seine. Les « *diaconesses* », appelées à l'origine « Demoiselles de la Charité », pratiquent l'assistance à domicile ou s'emploient avec dévouement, dans les hôpitaux, les asiles, les œuvres d'éducation et de relèvement.

Bien qu'elle nous vienne d'Angleterre, on ne saurait omettre, sans injustice, le bel effort de solidarité sociale accompli chez nous par « *l'Armée du Salut* ». Son vénérable fondateur, William Booth, liait, indissolublement la prédication religieuse, l'appel à la conversion, et l'amélioration des conditions matérielles. « A quoi sert », — s'écriait-il, — « de prêcher l'Evangile à des hommes dont l'esprit est absorbé tout entier par la bataille désespérée qu'ils doivent livrer chaque jour pour conserver l'existence ? » C'est aux plus misérables, aux plus avilis, à ceux que la société rejette comme des déchets encombrants, que « l'Armée du Salut » apporte, avec son message d'espérance et d'amour, le réconfort corporel et l'aide intelligente qui les arrachera à leur détresse. On sait l'œuvre magnifique réalisée par elle dans les pays anglo-saxons : refuges, asiles, restaurants, établissements d'éducation et de relèvement, écoles d'apprentissage, écoles agricoles et coloniales, etc. Son activité en France, pour être plus restreinte n'en est pas moins remarquable, et ceux-là même que choquent ses méthodes de prosélytisme, difficilement adaptables à notre tempérament frondeur, sont obligés de reconnaître avec Pierre Hamp, « qu'elle a une science sociologique acquise par des expériences dans le monde entier, et qu'elle est peut-être actuellement l'institution qui connaît le mieux la misère humaine ». Nous lui devons 23 œuvres différentes, sans compter ses deux dernières créations qui dépassent toutes les autres en importance : « *Le Palais du Peuple* », qui assure à des centaines d'hommes un logement propre et hospitalier, le « *Palais de la Femme* », qui héberge des femmes isolées, de condition modeste. A Paris ou en province, ses *Refuges* et ses *Hôtelleries* ouvrent leurs portes aux sans-abris. Elle n'abandonne pas ceux qu'elle n'a pu recevoir faute de place, ou qui n'ont pas su venir jusqu'à elle : pendant les froides nuits d'hiver, des escouades de volontaires vont, aux abords des Halles, ou sur les berges de la Seine, porter une soupe chaude et nourrissante, aux « meurt-de-faim ».

L'Armée du Salut possède, en outre, un *bureau de placement et de recherches*, 6 *foyers pour ouvrières ou jeunes filles* et 3 *maisons de relèvement* pour les mineures que les tribunaux lui confient. Pendant la seule année 1925, elle a servi plus de 900.000 repas. Aussi n'est-il pas étonnant que les donateurs se soient montrés généreux à son égard ; ceux-là même qui ne partagent pas son idéal évangélique se sont inclinés avec admiration devant son apostolat social et humanitaire.

L'Aide aux prisonniers détenus ou libérés.

C'est à Strasbourg que fut fondé, en 1814, le premier « *Patronage de Libérés* » connu en Europe, mais c'est surtout au pasteur *Robin* que revient l'honneur d'avoir organisé avec méthode l'aide aux anciens prisonniers redevenus libres, qui éprouvent souvent les plus grandes difficultés à se faire embaucher et à reprendre une existence normale.

Pasteur à Monflanquin, et remplissant à la Maison Centrale d'Eysses, les fonctions d'aumônier protestant, M. Robin eut l'idée de créer une *Société de Patronage* pour assister les prisonniers au moment de leur libération. Emu par l'état d'isolement moral dans lequel vivent les détenus, et conscient des tentations qui les assaillent à leur sortie de prison, il constituait, en 1869, sous la présidence du Baron de Chabaud-Latour, une « *Société de Patronage des Prisonniers Libérés Protestants* », dont le siège social se trouvait à Paris, et il publiait, la même année, une étude très documentée sur « Les Prisons de France ». Ce patronage, d'un genre nouveau, déclare vouloir « patronner individuellement des hommes déchus, les réhabiliter, à leurs propres yeux, et faciliter leur reclassement dans la société ». Dans ce but, il s'intéresse au prisonnier pendant sa détention et le fait visiter par les membres de son comité, autorisés à pénétrer dans les différentes prisons de la Seine. Le prisonnier est encouragé moralement, on lui fait entrevoir un redressement possible s'il fait preuve de patience et de bonne volonté ; on se renseigne sur sa famille que l'on secourra, le cas échéant ; enfin, on lui communique l'adresse du Patronage où il sera certain d'être bien accueilli à l'expiration de sa peine.

L'œuvre entreprend auprès des administrations compétentes des démarches en faveur de ses protégés ; soit que ceux-ci espèrent bénéficier d'une libération conditionnelle, qui réduirait le temps de leur emprisonnement et les placerait sous la tutelle du Patronage, soit qu'ils réclament la réhabilitation qui leur est accordée de plein droit après une période prolongée de bonne conduite.

Le moment psychologique où il faut intervenir est celui de la libération : l'homme se trouve à la rue, seul, désemparé, aigri, sans ressources et sans logis, car les siens l'ont souvent renié ; il ne sait où aller et il risque de recourir aux pires expédients si quelqu'un ne lui tend une main secourable. Même courageux et désireux de se refaire une vie honnête, il sera souvent acculé au vol, car, manquant de certificats et muni d'un casier judiciaire chargé, aucun patron ne voudra de lui. Si le libéré s'adresse au Patronage, il a toutes les chances d'être sauvé. On lui procurera des vêtements convenables ; s'il consent à travailler en échange de sa nourriture, on le gardera à la « *Maison-Hospitalière* » (1) jusqu'à ce qu'il ait trouvé un emploi, et ensuite, on lui avancera même le prix de sa chambre, qu'il remboursera dès qu'il aura touché sa première paye. Selon les circonstances, on facilitera son rapatriement, s'il est étranger, son engagement dans l'armée, s'il est âgé de 16 à 20 ans, ou son émigration, s'il désire tenter fortune sur un autre continent.

En 1872 se réunissait « *Un Comité de Secours religieux en faveur des Condamnés Protestants* », et, plus particulièrement, des déportés politiques de la Commune. Ce Comité devenait en 1882 « *l'Œuvre de la Nouvelle-Calédonie* », qui fait célébrer le culte protestant dans les pénitenciers et met des livres à la disposition des détenus : elle comprend actuellement une deuxième branche qui se consacre aux forçats dirigés sur la Guyane.

Ayant étudié le régime des prisons dans plusieurs pays d'Europe, le pasteur Robin faisait autorité en matière pénitentiaire : il fit partie du Conseil de direction de « *La Société Générale des Prisons* », il fut désigné pour représenter le gouvernement français au Congrès Pénitentiaire de Stockholm, enfin il ne fut pas étranger à la rédaction de la loi du 24 juillet 1887, et il inspira indirectement celle du 19 août 1898.

Les condamnées trouvèrent, elles aussi, des protectrices compatissantes. *L'Œuvre Protestante des Prisons des Femmes à Paris* vit le jour en 1839 lors d'une visite d'Elizabeth Fry sur le continent; mais elle était déjà en germe, dans un Comité de dames

---

(1) Les trois œuvres fondées par le Pasteur Robin : « Le Patronage des Libérés »; « Le Patronage des Jeunes Garçons Protestants » et « L'Assistance par le Travail », ont leur siège social, 36, rue Fessart.

qui avaient, à l'instigation de Mme Mallet et de Mlle Dumas, obtenu du Préfet de Police, l'autorisation de visiter les prisonnières . de Saint-Lazare. Aller voir les femmes protestantes, prévenues ou condamnées, tel . est encore le but de l'œuvre qui avait, en 1920, plus de 100 visites à son actif. Les dames visiteuses se rendant à la Préfecture, à Saint-Lazare, à Fresnes ou à Nanterre ; elles ont fondé pour les enfants des détenues un patronage qui les prend sous sa tutelle.

La Société de Patronage des Détenues, des Libérées et des Pupilles de l'Administration pénitentiaire (1), qui date de 1890, a pour but (article 1) « le relèvement des femmes et des mineures, détenues ou libérées, sans distinction de culte ou de nationalité. Elle visite les détenues en prison, se met en rapport avec les familles et les patrons et suit les libérées à leur sortie de prison, soit que celles-ci aient bénéficié d'un non-lieu, de la loi suspensive de la peine, d'une libération conditionnelle ou privisoire, qu'elles aient obtenu leur grâce, ou qu'elles soient parvenues au terme légal de leur peine. Elle favorise la création en province d'associations analogues. »

Article 2. — « L'Association se propose de ramener les détenues et les libérées à des habitudes d'existence honnête, régulière et laborieuse. Des asiles seront ouverts à cet effet. Les femmes et les jeunes filles y sont admises à titre temporaire, jusqu'à leur placement, à leur retour dans leur famille ou à leur . rapatriement. »

« *L'Atelier Asile* » de la rue Michel-Bizot est réservé aux femmes adultes, tandis que « *l'Ecole Ménagère* », de la rue de Tolbiac, reçoit et guide jusqu'à leur majorité les filles mineures qui lui ont été confiées par le Tribunal des Enfants. Elles y reçoivent

---

(1) 21, avenue Michel-Bizot.

une instruction primaire et y font en même temps
leur apprentissage de lingères, de couturières ou de
blanchisseuses. Les deux asiles avaient hospitalisé
pendant la seule année 1922 plus de 200 femmes ou
jeunes filles. L'œuvre a des sections en province, no-
tamment à *Bayonne*, à *Bordeaux*, où elle possède un
asile qui recueille les filles-mères et les prisonnières
libérées, à Caen, à Montpellier, à Saint-Etienne. A
Illzach, près de Mulhouse, fonctionnent toujours le
Refuge et l'Ecole Ménagère fondés par Mme de Witt-
Schlumberger pour recevoir les jeunes filles en danger moral, les rééduquer et les mettre en état de gagner honnêtement leur vie.

L'Assistance par le Travail

« Chaque fois que je mets de l'argent dans une
« main qui n'est pas celle d'un infirme ou d'un vieil-
« lard », — écrivait Mme de Pressensé au Professeur
« Secrétan, — j'ai un sentiment inexprimable de dé-
« goût pour moi-même, d'humiliation et de douleur;
« mais je ne vois pas comment cela peut changer tant
« que nous aurons le superflu, tant que nous ne souf-
« frirons pas comme eux; que nous ne travaillerons
« pas comme eux, tant que nous serons deux races
« distinctes et étrangères l'une à l'autre. » Cette répugnance pour l'aumône, palliatif inefficace, qui ne
solutionne pas l'angoissant problème du paupérisme,
beaucoup de chrétiens l'ont éprouvée : ils voudraient
substituer à cette forme de bienfaisance qui engendre
la mendicité, et qui abaisse celui qui en est l'objet,
une méthode d'assistance basée sur le travail, une
entr'aide que renforcerait la mutualité. C'est animé
de tels sentiments que le pasteur Robin, protecteur
attitré des prisonniers libérés et des enfants malheureux, ouvrit « *la Maison Hospitalière* », première ten-

tative d'assistance par le travail, qui ait été réalisée en France. Il consignait peu après dans un livre intitulé « Hospitalité et Travail », le fruit de ses expériences et de ses méditations.

« *L'Œuvre d'Assistance par le Travail* » de la rue Fessart est ouverte sans distinction d'âge ni de culte à tous les hommes valides qui sont sans travail et sans asile; ils sont supposés remettre, à leur entrée, un bon qui leur aura été donné par un des bienfaiteurs de la Société. A partir du second jour, le pensionnaire, s'il veut continuer à jouir de l'hospitalité qu'on lui offre, devra travailler à la confection de margotins qui seront ensuite vendus à des particuliers : il disposera toujours de ses matinées, pour se chercher un emploi. En échange de son travail, on le loge (il peut rejoindre sa famille le soir, s'il est marié), on le nourrit, on l'éclaire et on l'habille; s'il produit au delà du minimum exigé, on lui constitue un petit pécule qui lui sera remis à son départ. Au moyen de conseils et de recommandations, on l'aidera à trouver une place et on ne cessera de le suivre que lorsqu'il aura obtenu une situation stable qui lui permettra de se reclasser. A la rue Fessart se rencontrent des hommes de toutes conditions, appartenant aux diverses classes de la société : des ouvriers, des employés, des artisans y voisinent avec des bourgeois et des intellectuels dévoyés. Le pourcentage des prisonniers libérés est assez élevé et atteint certaines années 10 %; ceux-ci observent sur leur passé un mutisme de rigueur. Aucun homme ne quitte la « Maison Hospitalière » sans avoir reçu l'appui et l'encouragement qui l'inciteront à tenter un nouvel effort et à ne pas désespérer. Plus d'un, ayant repris le rythme normal de son existence, se retourne avec une gratitude émue vers l'œuvre, qui lui a permis de franchir un cap périlleux, sans honte et sans déshonneur.

En 1902, « *l'Assistance par le Travail* » avait admis 15.767 hommes relevant de trois catégories différentes : « 1° Ceux qui ayant perdu leur situation chô-
« ment, et ont besoin d'une aide momentanée ; 2° ceux
« qui chôment du fait de leur intempérance et de
« leurs vices ; 3° ceux enfin qui sont réfractaires à
« tout amendement, parce qu'ils sont d'une paresse
« invétérée, que le sens de l'honneur leur fait défaut,
« et qu'ils préfèrent se faire entretenir par la cha-
« rité publique plutôt que de s'astreindre à une oc-
« cupation régulière. » Il est manifeste que sur ce dernier contingent, aucune emprise morale n'est possible, et qu'il est de l'intérêt de l'œuvre de les éliminer le plus rapidement possible. La « *Maison Hospitalière* » vend les margotins et les petits fagots qu'elle fabrique, au prix courant ; elle refuse d'avilir le marché en les cédant à des prix inférieurs.

C'est un triptyque charitable, un chef-d'œuvre de solidarité chrétienne qu'a édifié le pasteur Robin, avec ses institutions de la rue Fessart. Résumant la pensée et la vie de ce grand bienfaiteur de l'humanité, M. Rivière a pu dire de lui : « qu'il fut un précurseur et un maître dont la connaissance se tourna constamment à aimer. »

Parmi les fondations similaires on peut mentionner « *L'Œuvre d'Assistance par le Travail de Nîmes* » qui fut fondée en 1891 par le pasteur Babut avec la collaboration de MM. de Boyve et Trial. On y hospitalise pendant trois jours au minimum les hommes étrangers à la ville et pendant huit jours les Nîmois. Le travail se fait à la tâche, dans les ateliers, et les femmes sont employées dans des ouvroirs ; l'œuvre s'occupe du placement des chômeurs.

Quant à « *La Société Protestante du Travail* » due à l'initiative de M. Ferdinand Rossignol, elle existait dès 1868. Elle servait d'intermédiaire entre les patrons et les employés, fournissait sur les uns et les autres des renseignements utiles, et centralisait les demandes et les offres d'emplois.

En 1890, le pasteur Aeschimann, qui avait sollicité et obtenu le concours d'un prêtre et d'un rabbin, créait à Lyon une *Œuvre d'Hospitalité par le Travail,* celle-ci fusionnait six ans plus tard avec l'œuvre lyonnaise de « *l'Hospitalité de Nuit* », et devenait absolument neutre au point de vue religieux.

C'est en grande partie au concours de quelques donateurs protestants que la *Société d'Assistance par le Travail des VIIIe et XVIIe arrondissements* doit son existence. La société fournit du travail aux nécessiteux des deux sexes et ne comporte pas d'hospitalisation. Les hommes fabriquent des margotins, se livrent à des travaux de copie, font en ville des courses ou de petits déménagements. Les femmes confectionnent des étiquettes, raccommodent, etc., quelques-unes d'entre elles emportent de l'ouvrage à domicile.

A Rouen, « *l'Assistance par le Travail* » fait préparer des fagots et casser de l'anthracite, par les chômeurs qu'elle secourt.

L'Assistance par le travail à domicile pour les hommes et les femmes a été inauguré en France par M. Mamoz, qui considérait « que la véritable charité n'est pas celle qui se contente de donner du pain au nécessiteux qui a faim, mais bien celle qui, d'un parasite, fait un producteur. » Ce mode d'assistance, en tant qu'il est réservé exclusivement aux femmes, avait été appliqué antérieurement par Mme V. de Pressensé à « *l'Œuvre du Travail de la rue de Berlin* », qui date de 1850. Les commandes sont exécutées à domicile par des ouvrières qui sont souvent de fines lingères. La maison se charge de la vente, et gère une Caisse de Secours en faveur des adhérentes dans le besoin. *L'Ouvroir du Ve arrondissement* organisé par Mme E. de Pressensé remplit un but analogue. On peut citer encore parmi les œuvres protestantes : « *Le Cercle Amicitia* » et « *l'Œuvre du Travail de l'Eglise de l'Etoile* », qui procure des travaux de couture aux mères pauvres; enfin, en province, plusieurs ouvroirs dirigés par l'Armée du Salut.

Le régime d'externat est le plus habituel en ce qui concerne l'assistance féminine, cependant quelques œuvres hospitalisent leurs protégées qui sont logées et nourries, si elles consentent à participer à l'entretien de la maison, ou à se livrer à de menus travaux.

L'Asile Temporaire pour Femmes Protestantes de *la rue du Retrait* admet des femmes qui sont sans abri, moyennant une somme très modique qu'elles complètent en contribuant aux soins du ménage ou en confectionnant du linge ou des brosses dans un atelier aménagé à cet effet. Les enfants y sont admis avec leur mère jusqu'à l'âge de 6 ans.

Le Refuge Protestant de la rue des Buttes créé par la Comtesse Pelet de la Lozère vise surtout le relèvement moral des femmes qu'elle héberge.

Mme Béquet de Vienne ouvrait le premier refuge de « *la Société de l'Allaitement Maternel* », en 1892 : un deuxième refuge muni d'un dispensaire était inauguré huit ans plus tard. On reçoit dans ces établissements, sans enquête préalable et sans distinction de culte ou de nationalité, toutes les femmes enceintes qui ont atteint le septième ou huitième mois de leur grossesse, et qui, privées de tout soutien, cherchent un abri où elles pourront séjourner jusqu'à l'époque de l'accouchement. On demande aux pensionnaires d'aider à l'entretien de la maison ou de faire un peu de couture, si toutefois leur état de santé le permet. A leur sortie, on leur remet avec le petit pécule qu'elles ont pu se constituer, une layette pour l'enfant qui va naître. L'œuvre possède à Saint-Fargeau un asile où les mères sont admises avec leurs nourrissons pendant un maximum de quatre mois : là aussi elles se livreront à de petits travaux qui ne couvrent que dans une faible mesure les frais de la société.

Prévoyance et Mutualité

La Mutualité et la Prévoyance qui développent l'altruisme et la solidarité, et donnent à l'individu le sens de sa propre responsabilité, en l'incitant à l'épargne, devaient logiquement séduire les esprits protestants. C'est effectivement aux huguenots que l'on fait remonter l'origine des Sociétés de Secours Mutuels. Les premières « *Caisses de Secours* » furent établies auprès des Synodes Provinciaux pour venir en aide aux religionnaires persécutés. Après la Révocation de l'Edit de Nantes, elles furent transportées dans les pays où les réformés durent s'expatrier. Ainsi s'organisèrent en 1703 « *La Société Normande* » et « *La Société des Premiers Huguenots de France réfugiés à Londres* », et en 1767 « *La Société des Réfugiés Picards et Wallons* ».

On sait, d'autre part, que Benjamin Delessert fut en France le propagateur des Caisses d'Epargne ; de 1805 à 1820, il en fonda lui-même 95 : c'est sur son initiative et sur celle du Duc de La Rochefoucauld-Liancourt que fut promulguée *l'Ordonnance Royale du 21 juillet* 1818 qui créait la Caisse d'Epargne de Paris.

Pour ce qui est des Caisses Patronales d'épargne, de retraites ou d'assurances, elles sont très antérieures aux Caisses d'Epargne et de Retraites nationales, puisque ces dernières ne datent que de 1868 et de 1910, et que les assurances obligatoires ne sont pas encore entrées en vigueur. Dès 1827, deux industriels alsaciens : Gaspard Dollfus et Nicolas Kœchlin ouvraient une *Caisse d'Epargne*, et 11 fabricants de Mulhouse s'associaient pour constituer une « *Caisse de Retraites* » qui permettrait aux ouvriers âgés de toucher une retraite, sans subir de fortes retenues sur leurs salaires. Les patrons protestants ont été parmi les premiers à comprendre que l'assurance rehausse la condition et garantit l'avenir du salarié qui n'est plus à la merci de l'accident, de la maladie, ou du chômage imprévu. Aussi la plupart d'entre eux ont-ils participé à la création de « *Sociétés de Secours Mutuels* » convaincus avec Engel-Dollfus qu'il y a pour les patrons des devoirs qui ne se discutent plus, « fonder d'une façon inébranlable et définitive les institutions de prévoyance ».

La Mutualité est, sans conteste, une application pratique de la solidarité, puisqu'au moyen d'un versement minime elle couvre tous les risques éventuels, en les répartissant sur l'ensemble des sociétaires. C'est un pasteur, M. Jules Arboux, aumônier des prisons qui fut, en premier lieu, nommé secrétaire général de « *La Ligue Nationale de Prévoyance et de Mutualité* », et c'est un diacre de l'Eglise Réformée de Paris, un horloger du nom de Vauchez, qui fonda, en 1825, une première « *Société Protestante de Prévoyance et de Secours Mutuels* », dont Guizot fut l'un des vice-présidents. Il est intéressant de rappeler que le Gouvernement consulta d'abord les statuts de cette Société lorsqu'il voulut rédiger des articles modèles, afin de les proposer en exemple aux sociétés d'assurances, alors en voie de création.

Le prêt d'argent a toujours existé, sous la forme du prêt à intérêt, combattu au Moyen Age parce qu'il aboutissait trop souvent à l'usure. On a prêté aussi sur gages — les Monts de Piété ont été institués à cet effet — et les temps modernes ont connus le prêt en faveur de la Production, par l'intermédiaire des Banques Populaires, du Crédit National et des Coopératives de Crédit.

Les *prêts sur l'honneur* d'une portée nécessairement plus restreinte visent à la fois la production et la consommation; ils facilient à l'ouvrier et à l'ouvrière l'acquisition des outils dont ils ont besoin, ils libèrent l'employé ou l'artisan honnête qui se trouve dans une situation précaire, du fait de circonstances accidentelles, et qui n'a pas le moyen de régler ses fournisseurs ou de payer son loyer. Dans ce genre de prêt, le seul gage est la parole de l'emprunteur à qui on fait confiance, c'est dire qu'on ne peut accéder aux demandes que lorsqu'elles émanent de travailleurs sérieux, de réputation irréprochable.

La *Société Protestante des Prêts Gratuits* fondée en 1902, a pour but de secourir les protestants de Paris et du département de la Seine, qui se trouvent momentanément dans la gêne. Les sommes prêtées sur avis du Comité directeur ne peuvent, en aucun cas, dépasser 200 francs (avant-guerre). Le postulant présente une demande contresignée par le pasteur de sa paroisse : son loyer ne doit pas dépasser 500 francs, il doit être connu pour son honorabilité et avoir une occupation régulière. Une enquête décide du sort de la demande. Les opérations s'effectuent par l'entremise de la « Société Philanthropique du Prêt Gratuit », la Société Protestante se portant caution envers cette dernière. Les prêts doivent être remboursés par 1/10e à partir du troisième mois qui suit l'emprunt.

La « *Société Protestante de Prêt gratuit de Bordeaux* » « travaille au relèvement matériel et moral « des individus et des familles momentanément gê- « nés, elle s'occupe spécialement de ceux qu'un se- « cours peut empêcher de tomber dans la misère.. » Le prêt, qui ne peut dépasser cinq cents francs, ne comporte pour les emprunteurs, qu'une obligation morale, on n'exige d'eux ni gage, ni garantie. Un membre du Comité est désigné pour suivre le débiteur et veiller aux remboursements.

La « *Société Coligny* » enfin, qui vise surtout la colonisation, appuie et aide financièrement les protestants pauvres, et, en particulier, les habitants des Hautes-Alpes, qui désirent se fixer dans nos colonies de l'Afrique du Nord. Elle tâche de leur éviter l'isolement, en les groupant dans des villages voisins les uns des autres, et parvient, dans certains cas, à leur faire accorder des concessions. La Société prête de l'argent moyennant un intérêt très faible : si les remboursements, qui doivent s'effectuer en dix annuités, à partir de la cinquième année, se font régulièrement, les intérêts ne sont pas réclamés, et le prêt devient, de ce fait, gratuit.

CONCLUSION

En parcourant le cycle des institutions sociales créées en France depuis une cinquantaine d'années,on est en droit de conclure que les Protestants français, chrétiens sociaux de nom ou de cœur, n'ont pas été inférieurs à la tâche qui s'imposait à eux. Ils ont voulu être les dignes héritiers d'un passé dont ils s'enorgueillissent, ils n'ont pas renié une noble tradition de générosité et d'assistance fraternelle.

De par leur génie démocratique, leur soif d'indépendance et de liberté, ils devaient s'associer avec ardeur aux modernes entreprises d'une bienfaisance qui se soucie de ménager la dignité et la susceptibilité de ceux qu'elle secourt, aux efforts d'une charité qui veut prévenir les maux en s'attaquant aux causes, plutôt que de recourir à la douteuse efficacité des palliatifs qui lénifient les plaies sans jamais les guérir. Ayant pris conscience de l'antimonie flagrante qui existe entre l'état social actuel et la foi dont ils se réclament, ils interrogèrent les diverses écoles, dans l'espoir d'y trouver une solution économique à tant de maux. Aucune d'entre elles ne les ayant pleinement satisfaits, ils se gardèrent de formuler un système ou de constituer un parti : ils laissèrent à chacun la latitude de s'orienter selon ses tendances et ses inclinations. Les uns, restèrent attachés aux traditions du patronat social, les autres, avec Louis Comte, Raoul Biville et Paul Passy, suivirent, sans abdiquer leur idéal chrétien, le sillon du Collectivisme, d'autres encore, adhérèrent au Socialisme Réformiste, à moins que, républicains modérés et prudents, ils n'attribuassent à la Participation aux Bénéfices la valeur d'une panacée. Le plus grand nombre enfin, avec plus ou moins d'atténuations, se rallia à la thèse Coopérative de M. Gide et de l'Ecole Nîmoise.

Dispersés dans le dédale et le labyrinthe des ligues politiques, ils se rejoignirent tous cependant, sans défaillance, sur le terrain de l'action sociale. Sous l'influence des Vinet, des Secrétan, des Fallot, le Solidarisme fit de nombreux adeptes dans les rangs des Eglises Réformées; les plus conservateurs se laissèrent, sinon convaincre, du moins fléchir, par l'impétuosité d'un mouvement qui les entraînerait un jour ou l'autre à sa remorque. De tous côtés, à l'exemple de M. Gouth, se fondèrent des cercles d'études et des équipes sociales, orientation qui marquait à la fois l'éveil des consciences et l'élargissement des esprits. Les dissensions dogmatiques étant reléguées à l'arrière-plan, les énergies regroupées se concentrèrent sur le domaine des applications pratiques. Dans la presse, dans les Assemblées Parlementaires, on vit des Protestants réclamer avec énergie le vote ou l'exécution des lois sociales, de celles qui sauvegardent la vie et l'avenir du travailleur, de celles qui protègent la mère et l'enfant, de celles qui s'attaquent aux fléaux qui déshonorent la société. Après M. de Gasparin, s'élevant contre l'esclavage, ce sera Edmond de Pressensé qui soutiendra le sénateur Bérenger dans ses campagnes moralisatrices, Jules Siegfried, champion de toutes les belles causes, qui défendra toutes les mesures légales, qui se proposent de combattre l'alcoolisme, d'instaurer les droits politiques des femmes, ou d'améliorer les logements ouvriers, Richard Waddington qui interviendra en faveur de la Protection des femmes et des enfants, astreints au travail des manufactures.

Deux femmes de devoir et de talent, instigatrices de nombreuses institutions charitables: Mmes Siegfried et de Witt-Schlumberger, se mettront résolument à la tête du mouvement féministe et du mouvement abolitionniste, qui en est le complément. Les pasteurs Fallot et Comte seront les promoteurs de la « *Ligue pour le Relèvement de la Moralité Publique* », secondée par « *l'Etoile Blanche* », cependant que « *La Croix Bleue* » et « *l'Espoir* » joindront leurs efforts à ceux de la « *Ligue Antialcoolique* ». Le pasteur Robin patronne les prisonniers libérés et l'enfance coupable et organise en France l'Assistance par le travail. Des bienfaiteurs ou des bienfaitrices ouvrent des orphelinats, des écoles professionnelles, des asiles, des foyers d'adoption ; le pasteur Lorriaux et l'œuvre de la « *Chaussée du Maine* » inaugurent et popularisent « les *Colonies de Vacances* ».

Pour la jeunesse des deux sexes, se fondent des cercles, des restaurants, des foyers et des *Unions Chrétiennes* qui introduiront chez nous le scoutisme anglais et qui participeront à la création des « *Foyers du Soldat* ». Des initiatives individuelles suscitent la fondation de Caisses de secours mutuels ou de retraites, de Sociétés de prêts sur l'honneur et d'œuvres multiples d'assistance ou de relèvement. De jeunes pasteurs, énergiques et enthousiastes, qui placent leur espoir dans une révolution pacifique que l'Evangile inspirerait, rêvent de rapprocher les classes en attendant de les réconcilier. Ils ouvrent dans les villes industrielles des « *Foyers du Peuple* », sans nuance confessionnelle, mais d'inspiration chrétienne, qui auront une mission de rénovation matérielle et morale se superposant à la régénération spirituelle des âmes. Ces *Solidarités* et *Fraternités* sont une application adéquate du Christianisme Social, qui prêche un Salut intégral, que des réformes économiques rendraient accessible à tous, et qui cesserait d'être l'apanage d'un petit nombre de privilégiés. Les chrétiens sociaux d'aujourd'hui, comme ceux du millenium, attendent l'avènement du Royaume de Dieu, mais leur vision n'est plus la même : leurs yeux ne scrutent plus les nuées prêtes à s'entr'ouvrir sur un soleil de gloire; ils s'abaissent vers leurs frères injus-

tement opprimés auxquels ils veulent rendre les pré-
rogatives et les droits qu'une société implacable leur
refuse.

La majorité des œuvres protestantes n'est pas confessionnelle; celles mêmes qui ont une couleur religieuse et qui s'adressent surtout à des coreligionnaires, ne sont pas exclusives et sont accueillantes, dans
la limite de leurs disponibilités. Elles font, en général,
peu de prosélytisme et observent souvent la neutralité la plus stricte. Il est malaisé d'en dresser le tableau et de les dépister dans leurs ramifications, car
les protestants collaborent volontiers avec des philanthropes de toute opinon et ils cèdent parfois à d'autres la direction des œuvres dont ils ont été les initiateurs. Malgré ces lacunes, on peut apprécier dans son
ensemble, le mouvement social réformé et porter sur
lui un jugement favorable. Il a pris, au cours du siècle
dernier, une ampleur d'autant plus remarquable
qu'elle est le fait d'une minorité, minorité faible mais
agissante, à l'avant-garde de toutes les réformes, qui
compense par son énergie et son altruisme éclairé,
le manque de cohésion et de discipline qui risquerait
d'affaiblir et d'amoindrir son action.

Dans un sentiment d'espoir, mitigé de crainte, les
Protestants du xxᵉ siècle entendent résonner à leurs
oreilles les avertissements que Vinet adressait à ses
contemporains. « ... S'ils ont le courage d'être de leur
temps, dans le sens chrétien que cette expression peut
avoir, s'ils sont, en un mot, ce qu'ont été leurs de-
vanciers à toutes les époques où le Christianisme est
devenu populaire : le monde, encore une fois, leur est
promis, leur est livré. »

BIBLIOGRAPHIE

LE MOUVEMENT SOCIAL AVANT 1880

J. CALVIN. — *Institution de la Religion chrétienne*. Edit. 1888.

JOHN VIENOT. — *Histoire de la Réforme française*, 1926.

G. BASTIDE. — *Histoire abrégée des Protestants de France*.

BOST. — *Histoire des Protestants de France*.

Emile DOUMERGUE. — *Jean Calvin, les Hommes et les Choses de son Temps*, 1910.

Eugène CHOISY. — *La Théocratie à Genève au temps de Calvin*, Genève, 1897.

E. CHOISY. — *Calvin, éducateur des consciences*, Paris, 1926.

Léopold MONOD. — *Calvin et son idéal théocratique*, Lyon, 1909.

Henri STROHL. — *L'Epanouissement de la pensée religieuse de Luther, de 1515 à 1520*, Strasbourg, 1924.

Et. GIRAN. — *Sébastien Castellion et la Réforme calviniste*, 1914.

C. LEENHARDT. — *Jean-Frédéric Oberlin*, thèse Montauban, 1896.

C. LEENHARDT. — *La Vie de Jean-Frédéric Oberlin*, Paris, 1911.

Léon MAURY. — *Le Réveil religieux dans l'Eglise Réformée, à Genève et en France (1810-1850)*, 2 vol., Paris, 1892.

Raymond WEISS. — *Un Précurseur de la Législation internationale : Daniel Legrand*, Paris, 1926.

M. DOLLFUS. — *Histoire et Généalogie de la famille Dollfus*, Mulhouse, 1909.
Histoire documentaire de l'Industrie de Mulhouse au XIX siècle, 2 vol., Mulhouse, 1902.

Ivan ZUBER. — *Un chef d'industrie alsacien : La vie de Jean Dollfus*, Mulhouse, 1888.
Bulletins de la Société Industrielle de Mulhouse, 1855, 1867, 1878, 1889.

Jacques BARDOUX. — *Guizot*, Paris, 1894.

PEDEZERT. — *Souvenirs et Etudes*, Paris, 1888.

Charles-H. POUTHAS. — *Guizot pendant la Restauration*, Paris, 1924.

Gilbert CHINARD. — *Les Réfugiés Huguenots en Amérique*, Paris, 1925.

W. RILEY. — *Le Génie américain*.

MAURY. — *John Bost, le Fondateur des Asiles de la Force. Journal de la Morale chrétienne, de 1822 à 1828)*.

LE MOUVEMENT SOCIAL APRES 1880

L'Orientation Politique et Economique

Ch. GIDE. — *Principes d'Economie Politique*, 14 édit., 1913.

Emile DOUMERGUE. — *D'où nous venons*, 1923.

Alex. WESTPHAL. — *Les Huguenots et la Liberté*, Paris, 1923.

CHOISY. — *Calvin et la Conscience moderne.*

DOUMERGUE. — *Les vraies Origines de la Démocratie.*

N. WEISS. — *La Démocratie et le Protestantisme.*

MONNIER. — *Christianisme et 'Libertés modernes.*

P. SEIPPEL. — *Les deux France et leurs Origines historiques*, 1905.

BOUGLE, BOIS, etc. — *Les Démocraties modernes.*

W. SOMBART. — *Le Bourgeois*, 1926.

WUARIN. — *Religion et Etat social*, 1925.

REYSS. — *Christianisme et Doctrines économiques.* Thèse Paris, 1909.

Ch. GIDE. — *Cours d'Economie politique*, 7e édit., 1923.

H. TRUCHY. — *Economie politique*, 2e édit., 1923.

Gaëtan PIROU. — *Les Doctrines économiques en France depuis 1870*, Paris, 1925.

GIDE et RIST. — *Histoire des Doctrines économiques*, 4e édit., 1922.

GONNARD. — *Histoire des Doctrines économiques*, 1922.

Ch. GIDE. — *Institutions en vue de la transformation ou de l'abolition du Salariat*, Paris, 1920.

LEVASSEUR. — *Questions Ouvrières et Industrielles en France sous la IIIe République*, Paris, 1907.

Paul PIC. — *Traité élémentaire de Législation industrielle*, 5e édition, 1922.

GIDE. — *Les Institutions du Progrès social au début du XXe siècle*, 4e édit., 1911.

JAY. .. *La Protection légale des Travailleurs.*

G. WEILL. — *Histoire du Mouvement social en France au XIXe siècle*, 3e édit., 1924.

FOURNIERE. — *Les Théories socialistes au XIXe siècle.*

G. RENARD. — *Le Régime socialiste*, Paris, 1898.

G. SOREL. — *La Ruine du Monde antique*, 2e édit., 1925.

RICHARD. — *Socialisme et Science sociale*, Paris, 1897.

E. DE LAVELEYE. — *Le Socialisme contemporain*, 2e édit., 1883.

RICHARD. — *La Question sociale et le Mouvement philosophique au XIXe siècle*, 1914.

R. PICARD. — *Les Idées sociales de Renouvier.* Thèse, Paris, 1908.

Sur la Solidarité

Ch. GIDE. — *L'idée de Solidarité en tant que programme économique*, 1893.

GIDE. — *Quatre Ecoles d'économie sociale.*

GIDE. — *La Solidarité économique*, Vals, 1902.
DUPRAT. — *La Solidarité sociale*, Paris, 1907.
MAURANGES. — *Histoire de l'Idée de Solidarité*. Thèse, Paris, 1909.
BOURGEOIS. — *Solidarité*, 1896.
BOUGLE. — *Solidarisme*, Paris, 1907.
L. BOURGEOIS, Gide, etc. — *Essai d'une Philosoyhie de la Solidarité*, Paris, 1902.
L. BOURGEOIS, etc. — *Les Applications sociales de la Solidarité*. 1904.
G.-L. DUPRAT. — *Education sociale et Solidarité*, Paris, 1908.

SUR LA COOPÉRATION

Ch. GIDE. — *La Coopération. Conférences de Propagande*, 3° édit., 1910.
Ch. GIDE. — *Le Programme coopératif et le Socialisme religieux*, Paris, 1924.
Ch. GIDE. — *De la Coopération et des Transformations qu'elle est appelée à réaliser dans l'ordre économique*, 1889.
Ch. GIDE. — *Les Sociétés Coopératives de Consommation*, 8° édition, 1917.
Ch. GIDE. — *L'Ecole de Nîmes*, Paris, 1926.
E. POISSON. — *La République Coopérative*, 1920.
GAUMONT. — *Histoire abrégée de la Coopération en France et à l'Etranger*, Paris, 1921.
E. DE BOYVE. — *Histoire de la Coopération à Nîmes et son influence sur le Mouvement coopératif en France*, 1889.
E. DE BOYVE. — *La Coopération au point de vue chrétien*, Dôle, 1889.
GAUMONT. — *Histoire générale de la Coopération en France*, 2 tomes, 1924.

L'ORIENTATION RELIGIEUSE

E. MONNIER. — *Etude sur les Idées sociales de Vinet*, 1900.
A. VINET. — *Philosophie morale et religieuse*, Lausanne, 1908.
C. COIGNET. — *L'Evolution du Protestantisme français au XIX° siècle*, Paris, 1908.
Ph. BRIDEL. — *Alexandre Vinet, sa personne et ses idées*, Paris, 1924.
A. SABATIER. — *Les Religions d'autorité et la Religion de l'esprit*, Paris, 1904.
E. SEILLIERE. — *Alexandre Vinet, historien de la Pensée française*, Paris, 1925.
J. VIENOT. — *Calvin et la conscience moderne*.
CHAPONNIERE. — *Auguste Sabatier*.
E. STAPPER. — *L'Etat actuel du Protestantisme en France et la déclaration de foi de 1872*, Paris, 1908.
H. BARGY. — *La Religion dans la Société aux Etats-Unis*, Paris, 1902.
F. BUISSON et Ch. WAGNER. — *Libre pensée et Protestantisme libéral*, Paris, 1903.

P. VALLOTTON. — *Que faut-il garder du Calvinisme de Calvin?*, Vals-les-Bains, 1909.

E. VERMEIL. — *La Pensée religieuse de Troeltsch*, Strasbourg, 1922.

G. FROMMEL. — *Etudes religieuses et sociales*, St-Blaise, 1908.

C. COIGNET. — *Principes et dernières conséquences de la Réforme*, Dôle, 1905.

H. CORDEY. — *Edmond de Pressensé et son Temps*, Lausanne, 1916.

Le Mouvement du Christianisme Social

SECRETAN et RENOUVIER. — *Correspondance*, Paris, 1911.

Ch. SECRETAN. — *La Civilisation et la Croyance*, Paris, 1889.

Ch. SECRETAN. — *Les Droits de la Femme et Etudes sociales*, Paris-Lausanne, 1908.

Louise SECRETAN. — *La Vie de Charles Secrétan, sa Vie et son œuvre*, Paris, 1912.

W.-E. CHANNING. — *Œuvres sociales*, Paris, 1869.

J. BARDOUX. — *John Ruskin*, 2ᵉ édit.

W.-H. TOLMAN. — *Industrial Betterment*, New-York, 1900.

CESTRE. — *Production, industrielle et Justice sociale en Amérique*, Paris, 1921.

Ch. BOIS. — *Evangile et Liberté*, Paris, 1869.

Ch. BOIS. — *De la Question sociale*, Paris, 1872.

T. FALLOT. — *Le Christianisme social*, Paris, 1911.

T. FALLOT. — *Les Fraternités de demain*, Valence, 1904.

T. FALLOT. — *La Religion de la Solidarité*, Paris, 1908.

Marc BOEGNER. — *La Vie et la Pensée de T. Fallot*. T. II, Paris, 1926.

LUGAN. — *L'Enseignement social de Jésus*, Paris, 1908.

E. GOUNELLE. — *Le Mouvement des Fraternités*.

E. GOUNELLE. — *Pourquoi sommes-nous chrétiens sociaux?*, Saint-Blaise, 1909.

E. CHASTAND. — *Les Principes sociaux de l'Evangile*, Nantes, 1921.

PEABODY. — *Jésus-Christ et la Question sociale*, Paris, 1904.

DUCROS. — *Le Mouvement social actuel dans le Protestantisme français*. Thèse Paris, 1901.

H.-G. CHEVRIN. — *Socialisme chrétien ou Christianisme social*, Thèse Paris, 1901.

H. DEJARNAC. — *Justice et Charité*, Thèse Montauban, 1904.

F. NAUMANN. — *Lettres sociales aux riches*, Vals-les-Bains, 1899.

RAGAZ. — *Das Evangelium und der sozial kempf*.

SHELDON. — *In his steps : what would Jesus do?* London, 1897.

G. CHASTAND. — *Philanthropie et Réforme sociale*, Alençon, 1922.

RUSKIN. — *Unto this last*, Lond., 1860.

Sylvester HORNE. — *The Ministry of the Modern Church*, Lond, 1907.

V. MONOD et H. ANET. — *Les Forces du Protestantisme américain contemporain*, 1921.

NEEL. — *Origines du Christianisme social.*
G. APPIA. — *Christianisme social.*
Wilfred MONOD. — *Le Devoir social de l'Eglise.*
    — *L'Espérance chrétienne*, Vals, 1899.
    — *A la recherche d'une Société nouvelle*, Vals, 1901.
    — *Socialisme et Christianisme*, Gand, 1908.
SOUCHE. — *Le Christianisme et l'Action sociale*, Montauban, 1900.
SAUZEDE. — *Dette sociale et sacrifice*, Montauban, 1904.
QUIEVREUX. — *Une Foi religieuse contemporaine : Le Christianisme social*, Vals-les-Bains, 1910.
RAUSCHENBUCH. — *Le Christianisme et la crise sociale*, Paris, 1909.
Josuah STRONG. — *The religious movement for social betterment*, New-York, 1900.
Wilfred MONOD. — *La morale de l'Evangile*, Montbéliard, 1908.
W. MONOD. — *Un Programme de Théologie pratique*, 1910.
E. GOUNELLE. — *L'Inspiration fondamentale du Christianisme social*, Alençon, 1923.
Travaux de la « Conférence du Christianisme social à Besançon ».
La Revue du Christianisme social, de 1888 à 1914, de 1919 à 1927.
Congrès de l'Association protestante pour l'étude pratique des Questions sociales : de 1889 à 1922.
La revue « Foi et Vie », à partir de 1897.

LES ŒUVRES SOCIALES

GAMBIER. — *Annuaire protestant*, 1926.
PUAUX. — *Les Œuvres du protestantisme français au XIXe siècle*, 1901.
A. COLLARD. — *Le Mouvement social dans le Protestantisme français (1870-1907)*, Thèse Dijon, 1911.
L. LALLEMAND. — *Histoire de la charité*, t. IV, Paris, 1912.
R. MERLIN. — *Guide social de Paris*, 1906.
    — *Les Lois sociales.*
R. BIVILLE. — *Le Chrétien et les Ligues morales et sociales*, 1901.
BOREL. — *Associations protestantes de France*, Paris, 1864.
PINOT. — *Œuvres sociales dans l'industrie métallurgique.*
Ch. VOIGT. — *L'Assistance publique et privée en France*, 1927.
ROBIN. — *Hospitalité et travail.* Paris, 1887.
CORMOULS-HOULES. — *L'Assistance par le travail.* Thèse Toulouse, 1910.
DIETERLIN. — *La Société de tempérance de la Croix-Bleue.*
BACQUET. — *Les Jardins ouvriers de France et le Terrianisme.* Paris, 1906.
Marie DUTOIT. — *Madame de Pressensé.*
DUFOURMENTELLE. — *Les Prêts sur l'honneur*, Paris, 1913.
R. MERLIN. — *Jules Siegfried, sa vie et son œuvre.*

J. ARBOUX. — *L'aumônerie des prisons de Paris et de la Seine*, 1914.

GUERIN-DESJARDINS. — *Les Eclaireurs unionistes et le Protestantisme*, 1924.

J. SIEGFRIED. — *Les Habitations à bon marché. Dôle*, 1892.

A. MERLIN. — *Les cinquante premières années des Unions chrétiennes en France. Paris*, 1903.

Alex. WESTPHAL. — *La Bienfaisance protestante au XIX*[e] *siècle*, 1899.

P. MAURY. — *La Fédération Française des Associations Chrétiennes d'Etudiants*, 1920.

PERIODIQUES. — *La Revue du Christianisme social; L'Espoir; L'Emancipation; Bulletin de la Ligue de la Moralité publique; Bulletin de la Croix-Bleue; Bulletin de l'Etoile-Blanche; L'Espérance; Le Relèvement Social; Le Semeur; Foi et Vie*, etc...

Comptes rendus des « Congrès de l'Association Protestante pour l'Etude Pratique des questions sociales ».

TABLE DES MATIERES

1927. — LES PRESSES UNIVERSITAIRES DE FRANCE. — PARIS

LES PRESSES UNIVERSITAIRES DE FRANCE
49, Boulevard Saint-Michel, PARIS (5ᵉ)

C. BOUGLÉ
DE LA SOCIOLOGIE A L'ACTION SOCIALE. PACIFISME, FÉMINISME, COOPÉRATION

Un volume in-8°, 136 pages.............................. 6 fr.

CHENEAU
L'ENSEIGNEMENT DE LA COOPÉRATION EN ANGLETERRE ET EN FRANCE

Un volume in-8°, 156 pages.............................. 10 fr.

J.-F. DREYFUS
LES PRÉVISIONS STATISTIQUES ET FINANCIÈRES DES ASSURANCES SOCIALES

Un volume in-8°, 288 pages.............................. 30 fr.

Mary SEWALL GARDNER
L'INFIRMIÈRE VISITEUSE

Traduit de l'anglais par Mlle Juliette LEFEBVRE et le Dʳ René SAND

Un volume in-8°, XXIV-464 pages.............................. 30 fr.

Dʳ GAUDUCHEAU
L'HYGIÈNE POSITIVE

Un volume in-8°, 68 pages.............................. 6 fr. 25

Dʳ J. HURRY
LA PAUVRETÉ ET SES CERCLES VICIEUX

Un volume in-8°, 164 pages.............................. 12 fr.

Mᵐᵉ KREBS-JAPY
LE SERVICE SOCIAL A L'HOPITAL

Un volume in-8°, 164 pages.............................. 12 fr.

Dʳ Aug. PION
DE L'HYGIÈNE INDIVIDUELLE ET SOCIALE

Un volume in-8°, 140 pages.............................. 9 fr.

Paul RIVES
LA CORVÉE DE JOIE
Notes sur les loisirs ouvriers

Un volume in-8°, 216 pages.............................. 9 fr.

Edmond VILLEY
L'ÉTAT ET LE PROGRÈS SOCIAL

Un volume in-16, 228 pages.............................. 8 fr. 75

PRIX : 20 FRS

www.ingramcontent.com/pod-product-compliance
Lightning Source LLC
LaVergne TN
LVHW050041060726
842524LV00003B/643